国家自然科学基金青年科学基金项目（71704174）

中国科学院科技战略咨询研究院院长青年基金 A 类项目（Y8X1001Q01）

QUANTITATIVE RESEARCH ON
THE INTENSITY OF PATENT JUDICIAL PROTECTION

专利司法保护强度量化研究

贺宁馨◎著

知识产权出版社

全国百佳图书出版单位

—北 京—

图书在版编目（CIP）数据

专利司法保护强度量化研究/贺宁馨著 . —北京：知识产权出版社，2020. 7
ISBN 978-7-5130-6832-1

Ⅰ. ①专…　Ⅱ. ①贺…　Ⅲ. ①专利—保护—研究—中国　Ⅳ. ①D923. 424

中国版本图书馆 CIP 数据核字（2020）第 043948 号

内容提要

随着我国产业的转型升级，专利司法保护强度亟须与高速发展的经济、科技水平动态匹配，而量化专利司法保护强度是调整优化我国专利司法保护强度的前提。本书结合我国专利司法保护的现状，在分析专利司法保护对企业专利决策行为影响机理的基础上，提取关键参数，构建专利司法保护强度量化模型；运用该模型和官方统计数据，得出我国专利司法保护强度的演变趋势；通过实证的方法研究专利司法保护强度对我国专利密集型产业和非专利密集型产业的影响；通过实证的方法评估我国专利司法保护的有效性，为我国专利司法保护强度的优化提供参考。

责任编辑：韩　冰　　　　　　　　　　责任校对：谷　洋
封面设计：博华创意·张　冀　　　　　　责任印制：孙婷婷

专利司法保护强度量化研究

贺宁馨　著

出版发行：知识产权出版社 有限责任公司	网　　址：http://www.ipph.cn		
社　　址：北京市海淀区气象路 50 号院	邮　　编：100081		
责编电话：010-82000860 转 8126	责编邮箱：hanbing@ cnipr. com		
发行电话：010-82000860 转 8101/8102	发行传真：010-82000893/82005070/82000270		
印　　刷：北京九州迅驰传媒文化有限公司	经　　销：各大网上书店、新华书店及相关专业书店		
开　　本：720mm×1000mm　1/16	印　　张：12. 75		
版　　次：2020 年 7 月第 1 版	印　　次：2020 年 7 月第 1 次印刷		
字　　数：180 千字	定　　价：68. 00 元		

ISBN 978-7-5130-6832-1

序

　　近年来，随着我国的产业转型升级与经济科技快速发展，强化专利司法保护的呼声日益高涨，国家相继出台了相关的政策文件和法律法规。2019 年 11 月，中共中央办公厅、国务院办公厅印发了《关于强化知识产权保护的意见》，明确提出"强化制度约束，确立知识产权严保护政策导向"。2020 年 5 月，第十三届全国人民代表大会第三次会议通过的《中华人民共和国民法典》第 1185 条明确规定了侵害知识产权的惩罚性赔偿条款，即"故意侵害他人知识产权，情节严重的，被侵权人有权请求相应的惩罚性赔偿"。2020 年 6 月，十三届全国人大常委会第二十次会议在第二次审议的专利法第四次修订草案中，明确引入专利侵权的惩罚性赔偿制度，规定专利侵权最高可达 5 倍惩罚性赔偿。

　　提高专利司法保护强度，有效保护专利权人的权利，激发发明人的创新热情，已形成社会的广泛共识。

　　但是，以多大幅度、何种频率来提高我国专利司法保护强度，产业界、学术界和政府远未达成一致意见。考虑到产业发展水平的不均衡，逐步提升专利司法保护强度有利于促进我国产业转型升级，提升过高过快可能会对部分产业造成巨大冲击，对经济、科技发展产生负面影响。因此，亟须在产业发展与专利司法保护强度提升之间寻找一个平衡点，获得专利司法保护强度的"最优解"。

优化的前提是量化。传统的问卷调查式评估对于政府决定采用弱保护还是强保护模式的决策有一定参考，但在我国确定严保护政策导向后，这种主观性较强的评估结果使政府决策的意义大打折扣。在此背景之下，对于我国专利司法保护强度的量化研究显得尤为重要。

贺宁馨博士是国内较早进行专利司法保护有效性实证研究的青年学者之一。她从攻读博士学位起，10多年来一直致力于专利司法保护有效性的实证研究，特别是针对专利司法保护强度量化的相关问题有较为深入的研究，主持承担了国家自然科学基金青年科学基金项目"专利司法保护强度的动态优化"等相关项目，本书凝聚了贺宁馨博士近年来的研究成果。围绕"专利司法保护强度量化"这一主题展开，通过理论和实证的手段研究我国专利司法保护对企业专利决策行为影响机理，从实证角度研究我国专利司法保护强度的关键影响因素、我国专利司法保护的有效性、我国专利司法保护强度对产业的影响，并构建了专利司法保护强度量化模型。相关研究成果对于评估我国现有的专利司法保护强度，确定采用何种幅度、何种频率、何种政策手段来提升我国专利司法保护强度，具有较重要的参考价值。

贺宁馨博士的研究成果不算特别多，但她稳扎稳打，一步一个脚印。科技发展日新月异，知识产权领域面临的新现象、新问题不断涌现，有无数高山险峰需要知识产权学者去攀登。我相信，贺宁馨博士会以本书的出版为新起点，再接再厉，勇攀高峰。

是以为序。

朱雪忠
同济大学上海国际知识产权学院教授

前　言

　　随着我国从重要知识产权消费国向重要知识产权生产
国转变，我国政府已经认识到，不断加强知识产权保护和
执法，有利于建设创新型国家，发展创新型企业，推动经
济高质量发展。2019 年 11 月，中共中央办公厅、国务院
办公厅印发了《关于强化知识产权保护的意见》，明确提
出"强化制度约束，确立知识产权严保护政策导向"，决
定在专利领域引入侵权惩罚性赔偿制度，大幅提高侵权法
定赔偿额上限，加大损害赔偿力度。尽管我国持续推进专
利司法保护制度改革，我国专利司法保护强度必会大幅增
长，对创新行为起到更大的激励作用。但是，我国的专利
司法保护水平却一直遭到了发达国家的质疑，"专利司法
保护不力"，包括"举证难、赔偿额偏低"等问题，已经
成为美国对中国发起贸易调查、挑起经贸摩擦的重要借口
之一。美国的贸易调查往往采用美国企业提供的数据，虽
然缺乏客观性，但对我国的国际形象造成了极其不利的影
响。发达国家以"美国化""西方化"的标准评价我国的
专利司法保护水平是极其不恰当的。在国内层面，我国科
技工作者普遍认为，专利司法保护的强弱需与国家科技水

平、经济发展水平相适应。我国科技水平和经济发展水平不均衡：一方面，有5G等技术已经处于全球领跑地位，产业界对于提升专利司法保护水平的呼声很高；另一方面，如果专利司法保护水平提升得过高过快会超越我国大部分产业的实际承受能力，如果不考虑产业的发展实际，直接将我国的专利司法保护水平与发达国家对接，可能会对很大一部分产业造成巨大的负面影响。因此，如果脱离我国产业发展不均衡的现状来评价我国的专利司法保护水平也是不恰当的。鉴于此，目前，亟须建立符合我国国情的专利司法保护强度量化模型，评估我国专利司法保护的有效性，加强对我国专利司法保护强度的量化及其对我国产业影响的研究。本研究具有以下重要意义：在国际层面，为我国政府回应西方国家对我国专利司法保护强度的质疑提供依据，减少经贸摩擦带来的负面舆论影响；在国内层面，对于衡量我国专利司法保护的有效性，评价专利司法保护强度对于产业的影响，调整专利司法保护强度使之与我国产业发展水平动态匹配，具有重要的战略意义和现实意义。

关于专利司法保护强度的量化，国外学者主要采用G-P指数来衡量专利司法保护强度，但研究表明G-P指数并不适用于我国，国内学者主要采用律师比例、专利诉讼案件结案量、专利诉讼案件结案率等指标，这些指标不能直接表征专利司法保护强度，具有局限性，特别是在我国大幅提升专利侵权损害赔偿的背景下，有必要将专利侵权损害赔偿这一表征专利司法保护强度的重要指标纳入专利司法保护强度量化模型。基于此，本书构建了专利司法保护强度量化模型，并利用我国的宏观统计数据，对我国专利司法保护强度进行量化。全书共分为12章，第1章和第2章分别是绪论和文献综述。第3章至第5章从理论和实证两个层面研究了专利司法保护对企业专利决策行为的影响，其中，第3章是我国专利司法保护对企业专利决策行为的影响机理，第4章是专利诉讼风险对企业专利决策行为影响的实证，第5章是专利诉讼对"专利钓饵"专利决策行为影响的实证。第6章至第9章从制度层面剖析了专利司法保护强度的影响因素，并从实证的角度分别研究了专利司法保护体系中三个重要制度对专利保护的有效性，其中，第6章是专利司法保护强度的影响因素研究，第 7 章是专利侵权判定有效性的实证研究，第 8 章是专利侵权损害赔偿有效性的实证研究，第 9 章是专利禁令有效性的实证研究。第 10 章和第 11 章研究构建了专利司法保护强度量化模型，并通过实证的方法，研究我国专利司法保护强度对产业的影响，其中，第 10 章是专利司法保护强度量化模型构建及实证研究，第 11 章是专利司法保护强度对产业经济的影响研究。最后，第 12 章是研究展望。

本书是本人主持的国家自然科学基金青年科学基金项目、中国科学院科技战略咨询研究院院长青年基金 A 类项目的阶段性研究成果，也是本人十几年研究积累的总结。我的母校华中科技大学是首批在管理学院开设知识产权专业的"985 高校"之一。2008 年，我有幸进入了华中科技大学管理学院攻读知识产权管理专业博士研究生，并加入了朱雪忠教授的研究团队。由于跳出了在法学一级学科下设立知识产权专业的"藩篱"，朱雪忠教授的研究团队招收了大量工学、法学、管理学背景的学生，团队的研究视角非常多元化，特别是在知识产权研究方法上，除了传统的法学研究方法之外，还将经济学、统计学、管理学等学科的研究方法运用到知识产权研究中，将定性研究和定量研究相结合，形成了鲜明的研究特色。我做"专利司法保护强度量化研究"的想法也是在那样的氛围中慢慢萌芽，时至今日，本书的完成是对初心的见证。

本书的研究虽然得到了一些有益的结论，但是，一方面，随着我国专利司法保护制度改革的推进，关于专利司法保护的相关问题不断涌现，本书的研究难免存在认识上的不足；另一方面，鉴于我国的知识产权研究尚未形成系统的理论方法体系，在定量研究方面还处于起步阶段。因此，本书的研究也是"摸着石头过河"，难免在研究方法的运用上存在不妥，恳请广大读者批评指正。

本书的完成要感谢博士导师朱雪忠教授、袁晓东教授对我的悉心教导，使我顺利完成了博士阶段的研究工作，为本书的完成打下了良好的基础。感谢博士后合作导师穆荣平研究员，支持我继续开展这一主题的研究，并给予我鼓励和帮助。感谢同事宋河发研究员、刘海波研究员、段异兵研究员、肖尤丹研究员、肖冰、吕磊给予的热情支持和提出的有益意见。此外，知识产权出版社的韩冰编辑严谨认真的工作态度，促使本书能以较高的质量顺利出版，作者谨表衷心感谢。

贺宁馨

2020 年 6 月 1 日

目 录

第 1 章

绪　论

1.1　研究背景和研究意义

专利司法保护是专利保护的一项重要制度，直接影响专利权人的经济利益，对激励自主创新、促进我国产业转型升级具有重要的战略意义。随着我国经济、科技水平的高速发展，我国的专利申请量持续增加，专利侵权案件也呈现急速增长态势。据《中国法院知识产权司法保护状况（2018年）》白皮书的统计数据显示，2018年人民法院新收的专利民事一审案件数量达到21699件，比2017年增加5689件，同比上升35.53%。随着专利侵权案件的增多，我国专利司法保护的有效性受到了国内外的广泛关注。在国际层面，欧美发达国家对我国专利司法保护有效性存在严重质疑，例如：近年来，美国每年发布《特别301报告》，将中国列为知识产权保护不力的"重点观察国"，指责中国的知识产权保护不力导致创新减退并抑制相关企业进入中国市场，其间多次提及我国专利司法保护中的举证难、侵权损害赔偿额较低等问题。"中国的专利司法保护不力"已经成为美国挑起经贸摩擦和发起贸易制裁的重要借口之一。在国内层面，我国科技工作者普遍认为，专利司法保护的强弱需与国家科技水平、经济发展水平相适应。尽管以法定赔偿额为主要形式的较低的赔偿额在加快引进国外技术，并在预防"专利钓饵"（Patent Troll）方面曾经起到积极作用，但随着我国经济、科技的发展，专利司法保护强度太弱会打击科技企业的创新激情，不利于科技创新及经济发展。特别是随着产业的转型升级，我国科技企业在高新技术领域与全球企业的竞争加剧，在全球经济一体化的背景下，我国的科技企业要想在全球竞争中获得竞争优势，越来越依赖于有效的专利司法保护。因此，如何衡量我国专利司法保护强度，如何使专利司法保护强度与高速发展的经济、科技水平动态匹配，成为我国面临的严峻现实问题之一。亟须构建符合我国国情的专利司法保护强度量化模型，开展专利司法保护强度的量化研究，为衡量我国专利司法保护强度、优化我国专利司法保护强度与高速发展的经济和科技水平动态匹配提供依据。

近年来，我国经济、科技水平发展迅速，2018年我国国内生产总值（GDP）突破90万亿元，我国经济继续成为世界经济增长的主要动

力。据科技部统计，2018 年全国研究与试验发展（R&D）经费支出约
19657 亿元，科技进步贡献率增至 58.5%，创新型国家建设取得重要进
展。与此同时，各产业发展水平极不均衡。国家知识产权局发布的《中
国专利密集型产业主要统计数据报告（2015）》显示，2010—2014 年
我国专利密集型产业 GDP 年均实际增长 16.6%，是同期 GDP 年均实际
增长速度的 2 倍以上，特别是对出口的带动作用巨大，从历年出口交货
值占销售产值比重看，专利密集型产业约为非专利密集型产业的 2.2
倍。在我国经济、科技大发展的背景之下，针对专利司法保护总体偏弱
的问题，我国已开始积极地推进专利司法保护制度改革。一方面，2013
年《中共中央关于全面深化改革若干重大问题的决定》提出加强知识
产权运用和保护，健全技术创新激励机制，探索建立知识产权法院。北
京、上海、广州知识产权法院的设立，是加强专利司法保护、激励创新
的重要制度改革。另一方面，2018 年 12 月，《专利法修正案（草案）》
提交十三届全国人大常委会第七次会议审议，第一次审议通过后，2019
年 1 月 4 日在中国人大网公布，草案大幅提升专利侵权赔偿额，将法定
赔偿的低限由 1 万元提升到 10 万元，高限由 100 万元提升到 500 万元，
并且对于故意侵权增加了惩罚性赔偿，标志着中国《专利法》的第 4
次修改工作的深入推进，发出了中国专利司法保护强度由弱转强的重要
信号。与以往的被动调整不同，此次是为建设创新型国家的基本政策而
发起的主动的、全面的调整。由此可见，为推进创新型国家建设，为创
建与国际接轨的公平竞争的社会主义法制环境，我国已经开始采取积极
措施快速提升专利司法保护的有效性。

理论界认为专利保护的本质是对专利权人利益与社会公共利益的动
态平衡，是一种以专利权人对于智力成果在一定时期内的专有或独占换
取专利权人信息披露的机制，它反映了对专利权人的利益保障，以及专
利权人利益与社会公共利益的平衡。其根本目的：一方面是以法律的形

式充分保护专利权人的智力成果而激励创新；另一方面又要限制专利权人的垄断，防止因为专利权人权利的垄断、扩张、滥用从而给公共利益带来损害，加速知识的公开和传播。但是，这种平衡机制不总是体现为作为一种状态的静态平衡。任何一个特定时期专利制度维持的利益平衡都具有特定的环境和条件。由于技术始终处在发展变化之中，新的技术总是不断地产生，社会经济总在不断地发展，因此专利制度是一种动态平衡机制，而专利制度的目的也处于动态变化中，有时可能以激励创新为主导，有时又可能以公共利益为主导，具体应该视一国的技术与经济发展水平而定。在我国提出建设创新型国家的背景之下，我国的专利司法保护出现了明显的滞后性，专利司法保护制度亟须向以激励创新为主导转变，但如果脱离我国产业发展的现状，按照发达国家的专利司法保护标准提升我国的专利司法保护强度，可能会超过我国部分产业的实际承受能力，给我国相关产业带来较大的冲击。在此背景下，如何评估我国专利司法保护强弱？如何判断专利司法保护强度是否与经济、科技水平快速发展相适应？如何在经济、科技快速发展的背景下，预测我国专利司法保护强度的变化趋势，以便提出动态调整方案，避免因专利司法保护强度调整的时滞性和突然性带来的对创新的阻碍？这些都是亟须解决的重大问题。

本书针对我国专利司法保护与高速发展的经济、科技水平不匹配的现状，开展专利司法保护强度量化研究。本研究对于评估我国专利司法保护的强弱，以及当我国专利司法保护强度的调整明显滞后于经济、科技水平快速发展时，采取有效的政策快速提高专利司法保护强度，激励创新，分析我国专利司法保护强度的变化趋势，提出平滑渐变的动态调整方案，避免因专利司法保护强度调整的突然性和时滞性带来的对创新的阻碍等方面具有重要的理论意义和现实意义。

1.2 研究方法、技术路线与
拟解决的关键科学问题

1.2.1 研究方法

本书综合运用理论分析、实证分析、系统分析的研究方法，形成专利司法保护量化研究体系。

1. 理论分析方法

为评估我国专利司法保护的有效性，从微观层面分析企业在专利司法保护制度之下的专利决策行为，揭示专利司法保护对企业专利决策行为的影响机理，从宏观层面分析影响我国专利司法保护强弱的因素，并构建适用于我国的专利司法保护强度量化模型。采用宏观层面和微观层面的理论分析方法得到的结果实现了自洽。

2. 实证分析方法

为了评估专利司法保护对企业专利决策行为的影响、专利司法保护的有效性、专利司法保护强度对产业的影响，以官方公布的专利诉讼和产业研发数据为样本，运用回归分析方法对"专利司法保护对企业专利决策行为的影响、专利司法保护的有效性、专利司法保护强度对产业的影响"进行实证研究，得到专利司法保护对企业专利决策行为的影响、专利司法保护的有效性、专利司法保护对产业的影响的实证研究结果。为了量化专利司法保护强度，在构建专利司法保护强度量化模型的基础上，采用统计学的分析方法，结合宏观统计数据，得到我国 2005—2016

年的专利司法保护强度。

3. 系统分析方法

为了有效提升我国的专利司法保护水平，利用系统分析方法，采用综合的思维方法考虑问题，聚焦于专利司法保护系统的视角，研究专利司法保护对企业专利决策行为的影响、专利司法保护的有效性、专利司法保护强度是否与产业的发展动态匹配等问题。在以上研究的基础上，提出优化我国专利司法保护强度的政策建议。

1.2.2 技术路线

拟采用理论与实证分析相结合的方法，运用系统分析的观点开展研究工作。具体研究的技术路线如图 1-1 所示。

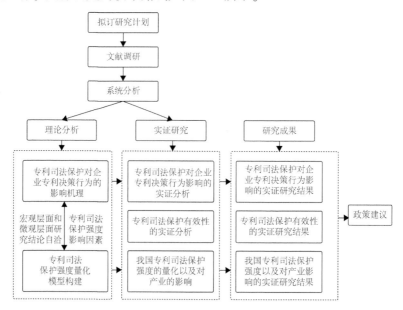

图 1-1　技术路线图

（1）在已完成的研究成果的基础上，拟订研究计划，广泛收集国内外的相关文献，掌握与专利司法保护有关的前沿研究动态，提出针对本研究切实可行的研究方案，并进行初步的理论分析。

（2）开展文献调研，一方面，调研欧美发达国家专利司法保护强度的发展、演变过程，总结这些国家专利司法保护方面的经验和教训。另一方面，调研我国司法系统在加强专利司法保护方面的具体措施，调研我国学者在专利司法保护强度方面的研究。在此基础上，对我国专利司法保护进行初步理论分析。

（3）参考国内外的相关研究，研究专利司法保护制度下企业专利决策过程的通用模型，在我国专利司法保护制度的框架下，运用通用模型对不同技术领域的企业的专利策略进行理论分析，得出我国专利司法保护制度下企业的典型专利决策模式，得到影响专利司法保护强度的关键因素。

（4）参考国内外的相关研究，建立适用于我国的专利司法保护强度模型。对此模型进行推导、分析，得出影响我国专利司法保护强度的关键因素，实现该宏观统计学模型与微观行为模型自洽，明晰专利司法保护与企业科技创新行为的关系。

（5）在已完成的研究成果的基础上，以官方公布的专利诉讼和产业研发数据为样本，运用回归分析方法对"专利司法保护对企业专利决策行为的影响""专利司法保护的有效性""专利司法保护强度对产业的影响"进行实证研究，评估专利司法保护对企业专利决策行为的影响、专利司法保护的有效性以及专利司法保护对产业的影响；运用统计分析，得到我国 2005—2016 年的专利司法保护强度，研究我国专利司法保护强度的演变趋势。

（6）把理论研究和实证分析的相关成果应用于我国专利司法保护

强度的优化方面，提出相关的政策建议。

1.2.3 拟解决的关键科学问题

1. 专利司法保护对企业专利决策行为的影响机理

为揭示专利司法保护对企业专利决策行为的作用机理，亟须从微观层面分析企业在专利司法保护制度下的专利决策行为。如何通过研究专利司法保护制度下企业专利决策过程的通用模型，研究不同技术领域的企业的专利决策模式，识别影响专利司法保护强度的关键因素；如何通过专利司法保护对企业专利决策行为影响的实证研究，评估专利司法保护对企业专利决策行为的影响，为建立专利司法保护强度的测度模型提供依据，是本书需要解决的关键科学问题之一。

2. 专利司法保护强度测度模型的构建与对产业的作用机理

为揭示专利司法保护制度对于拥有不同价值专利的发明人权益保护的一般规律，亟须建立能够反映专利司法保护强度的量化模型。如何引入能够反映专利司法保护强度的关键参数，建立专利司法保护强度的测度模型，如何考虑产业的专利密集度的影响，从理论上揭示专利司法保护制度对不同产业保护的有效性，是本书拟解决的关键科学问题之一。

3. 专利司法保护有效性的实证研究

为评估我国专利司法保护的有效性，亟须评估专利侵权判定、专利侵权赔偿、停止侵权对专利权保护的有效性。如何提取对赔偿额、专利侵权判定和停止侵权有重要影响的关键因素并进行实证分析，揭示不同的专利司法保护制度对专利权保护的有效性，是本书拟解决的关键科学问题之一。

4. 专利司法保护强度优化的政策建议

为了提出专利司法保护强度优化的政策建议，亟须研究适应我国国情的灵活的专利政策手段。如何通过理论分析得出我国专利司法保护强度优化的作用方向，如何通过实证提取我国专利司法保护强度优化的政策作用点，以便提出专利司法保护强度优化的政策建议，是本书拟解决的关键科学问题之一。

1.3　研究内容、创新点与本书的特色

1.3.1　研究内容

本书采用理论研究与实证研究相结合的方法，开展我国专利司法保护强度的量化研究。具体研究内容如图 1-2 所示。

（1）专利司法保护对企业专利决策行为的影响机理，对应本书的第 3 章。

（2）专利司法保护强度量化分析模型的构建，对应本书的第 10 章。

（3）专利司法保护对企业专利决策行为影响的实证研究，对应本书的第 4 章、第 5 章。

（4）我国专利司法保护有效性的实证研究，对应本书的第 6~9 章。

（5）我国专利司法保护强度的演变趋势以及对产业的影响，对应

本书的第 11 章。

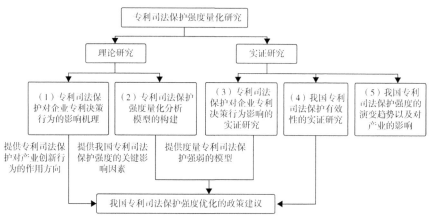

图 1-2　主要研究内容框图

1.3.2　创新点

（1）从微观层面分析专利司法保护对企业专利决策行为的影响机理，指出不同技术领域的企业在专利司法保护制度之下的专利决策行为模式，明晰影响专利权人决策行为的关键因素，为专利司法保护强度的优化提供政策导向。

（2）通过理论分析揭示专利司法保护制度对于拥有不同价值专利的发明人权益保护的一般规律，建立专利司法保护强度量化模型，从理论上揭示专利司法保护对专利保护的作用机理。

（3）结合专利司法保护强度的量化模型，提取不同年份的数据，得到我国的专利司法保护强度，研究我国专利司法保护强度随时间变化的演化机理，以及从实证的角度揭示我国专利司法保护强度对产业的促进和抑制作用。

1.3.3 本书的特色

（1）现有的关于"专利司法保护强度的测度"研究，国外学者主要以 G-P 评价指数来衡量专利司法保护强度，但事实证明这种指标不适用于度量我国的专利司法保护强度。国内学者主要从局部层面对专利司法保护强度测度进行探索。例如，有少数学者开始采用侵权案件数量与专利授权量之比的简化模型来表征专利司法保护强度。这些简化模型不仅缺乏通用性，而且在我国赔偿额不断大幅提升的情况下，这种简化模型不能反映赔偿额大小的影响，缺乏实用性。本书拟通过建立能够反映我国专利司法保护强弱的专利司法保护强度模型，考虑赔偿额、产业的专利饱和度等因素的影响，从理论上揭示专利司法保护制度对专利保护的有效性。

（2）对于专利司法保护的研究，一般是集中于宏观层面的专利司法保护研究或微观层面的企业专利战略研究，缺乏微观行为学研究和宏观层面研究相结合的研究。本书拟通过微观层面分析企业在专利司法保护制度下影响专利决策行为的关键因素，通过宏观层面分析影响不同类型企业的专利司法保护的关键因素，最终实现宏观分析与微观分析的自洽，两种理论相互融合、互为印证。

（3）对于专利司法保护制度的相关研究主要采用法学的研究方法，是一种基于定性分析的研究方法，既不能具体评估专利法律适用、政策实施的效果，也不能将专利法律和政策是否与产业发展现状和需求匹配反馈给法律和政策制定者。本书综合运用了法学、经济学、统计学的研究方法，开展我国专利司法保护强度的量化研究，评估我国专利司法保护的有效性，对专利法律和政策是否与产业发展现状和需求匹配进行反馈。

第 2 章 ▶

国内外研究文献综述

国内外学者针对本书主要涉及的专利侵权损害赔偿额、专利司法保护强度的量化、专利司法保护强度的动态调整、专利司法保护对企业专利决策行为的影响等问题展开了广泛研究，取得了不少有价值的成果，为本研究的开展提供了较好的基础。

2.1 专利侵权损害赔偿额

国外学者对于专利侵权损害赔偿问题进行了广泛研究。Reitzig 等（2007）认为主要发达国家的专利侵权损害赔偿评估主要有三种参考标准：利润损失、合理许可费、侵权者利润（不当得利）。美国和法国主要以利润损失、专利许可费为依据，而英国和德国综合采用了三种参考标准。除了常规的这三种赔偿方法之外，美国还针对恶意侵权设置了惩罚性赔偿（Coury，2003）。在美国，如果有足够证据表明专利权人的实际损害金额，则更倾向于采用以利润损失为标准，主要通过"Panduit 四要素"（Henry & Turner，2010）来证明侵权与利润损失的因果关系，具体的利润损失则以销量损失（Antion & Yao，2007）、价格侵蚀（Price Erosion）（Nieberding，2003）两种方式来计算。当利润损失无法计算或计算成本太大时，则倾向于采用以合理许可费为标准，主要通过假想谈判法（Hypothetical Negotiation）（Jarosz & Chapman，2013）、分析法（Analytical Approach）（Tomlin，2008）和构造法（Structured Approach）（Lemley & Durie，2010）三种方法来计算基于合理许可费的赔偿额。

国内学者对于专利侵权损害赔偿问题也进行了研究，潘蓉（2012）发现日本和我国都采用了四种计算标准：利润损失、合理许可费、侵权者利润和法定赔偿额。但日本与欧美国家相似，计算标准由专利权人提出，法律没有规定使用顺序，而我国则规定了须以"利润损失—合理许可费—侵权者利润—法定赔偿额"顺位关系选择，但利润损失的计算标准却低于"边际利润"标准，因此，这种顺位关系是否合理值得商榷。

此外，日本的侵权损失计算手段较为灵活，有利于减轻当事人有关因果关系举证责任的负担，值得我国借鉴。金坤亦（2014）也认为由于我国没有形成具体可行的因果关系检验法，造成了排第一位的"利润损失"标准在司法实践中很难适用的尴尬局面。贺宁馨和袁晓东（2012）通过实证研究发现我国专利侵权案件中存在大规模适用法定赔偿数额的现象，而样本中我国法定赔偿额均值只有 8.37 万元，这是导致"侵权损害赔偿额较低"的重要因素之一，我国专利权人举证的合理性及充分性是影响赔偿额计算规则适用的重要因素，我国专利的质量偏低也是导致专利"侵权损害赔偿额较低"的重要因素之一。

国内外关于"专利侵权损害赔偿额"的研究表明，尽管我国建立了与发达国家接轨的专利侵权损害赔偿计算标准，但具体的侵权损害赔偿适用标准还不够完善。首先，没有形成具体可行的侵权损失的因果关系检验法，没有灵活的计算侵权损失的方法，导致司法实践中实际采用的专利侵权损害赔偿标准与立法规定顺序相背离。其次，法定赔偿数额标准较低，在大规模适用法定赔偿的情况下，出现了专利价值被严重低估的现象，不利于科技型企业的发展。现有文献主要集中在比较我国专利侵权损害赔偿额与发达国家的异同，或是分析我国的专利侵权损害赔偿额偏低的原因，较少提出改进我国专利侵权损害赔偿额计算的方法，较少评估优化调节赔偿数额标准，使之与我国科技高速发展相适应。

2.2 专利司法保护强度的量化

针对专利司法保护强度的量化问题，国外学者展开了广泛研究，Ginarte 和 Park（1997）从五个立法指标出发，提出 G-P 评价指数作为专利保护强度量化方法。Pugatch（2006）、Park（2008）、Kanwar 和 Evenson（2009）等的研究对 G-P 评价指数进行了修正，并对不同国家的专利司法保护强度进行了研究，其中，Pugatch（2006）的研究在 G-P 评价指数的基础上加入了包含损害赔偿在内的执法强度指标，作为专利司法保护强度的测度。但学者们逐渐意识到，对司法保护较弱的国家，立法指标并不能准确地反映专利保护强度，因此，学者们开始改善专利司法保护强度的量化模型。Lesser（2003）、Liu 和 Croix（2015）采用禁令、损害赔偿、辩论程序等指标对知识产权保护强度进行评价。Mazzeo 和 Hillel（2013）通过实证提取专利引用率、权利要求数、专利权人的经济实力、法院陪审制度等影响赔偿额的因素，并构建经济模型预测赔偿额。

国内学者也开始了专利司法保护强度测度方面的研究。有的学者采用国外的 G-P 评价指数测量我国的专利司法保护强度。韩玉雄和李怀祖（2005）发现采用 G-P 评价指数计算我国的专利司法保护强度，会得出早在 1993 年我国的专利司法保护强度就超过部分发达国家的结论，显然 G-P 评价指数不适用于评价我国的司法保护强度。许春明和陈敏（2008）、李伟和余翔（2014）以律师占总人口的比例表征司法保护强度，以"律师比例"作为度量司法保护水平的指标。魏雪君（2008）除了以结案率来表征司法保护强度外，还以专利诉讼的赔偿金额与专利诉讼标的金额的比值测度专利司法保护强度。耿文龙等（2011）的研究以专利侵权纠纷的受理量和结案量为指标测度专利司法保护强度。李黎明（2016）用全国各级法院受理的一审专利民事案件、专利行政案件的数量与当期实用、外观专利授权量+滞后一期的发明授权量的比值度量专利司法保护强度。这种方法可以在一定程度上反映案件数量对专利司法保护强度的影响，但该方法没考虑赔偿额的影响，鉴于赔偿额是量化专利司法保护强度的重要指标之一，该方法不能全面地反映专利司法保护强度。

对于"专利司法保护强度的测度"研究，国外学者主要以 G-P 评价指数来衡量专利司法保护强度，但事实证明这种指标不适用于度量我国的专利司法保护强度。国内学者分别采用"律师比例、赔偿金额与专利诉讼标的金额的比值、专利侵权案件受理量和结案量、被侵权专利数与专利总数的比值"来衡量我国的专利司法保护强度。但这些都只是从局部层面对专利司法保护强度测度进行的探索。随着我国科技的发展，一方面必须提高法定赔偿额的标准［2018 年 12 月的《专利法修正案（草案）》已大幅提升赔偿额的标准］，另一方面还需减少法定赔偿额的适用率，增加其他三种赔偿额的适用率，这两种措施都会引起平均赔偿额的大幅提升。在这种背景下，必须将赔偿额以适当的方式纳入专利司法保护强度中，此外，为评估专利保护对不同产业发展的影响，也需要考虑专利密集型产业和非密集型产业的区别。

2.3　专利司法保护强度的动态调整

国内外学者发现欧美发达国家基本都经历了专利司法保护强度的动态调整过程。张玉敏和杨晓玲（2014）通过研究美国专利制度的演变过程发现，美国专利侵权赔偿制度经历了从仅赔偿所失利润到增加非法获利，到后来又取消非法获利，增加合理许可费制度，采取惩罚性赔偿又逐渐限制惩罚性赔偿的演变，计算方法则经历了由单一、粗疏标准到不断精细化、多元化的发展过程。Reitzig 等（2007）、Bessen 和 Meurer（2008）、Shapiro 和 Lemley（2007）的研究表明，大量律师和非生产型企业提起大规模的策略性诉讼（这种诉讼策略也称为"专利钓饵"），并向创新者索取远高于专利应用收益的赔偿金，已经严重影响了创新者的积极性，所以美国于 2011 年通过了《专利改革法案》，通过改革赔偿计算规则来减少赔偿额。Takenaka（2000）认为日本政府 1998 年提高赔偿额的专利制度改革，不仅改善了日本与美国的贸易关系，而且达到了促进技术创新、技术投资以及初创企业发展的目的。Maskus（2000）发现美国专利保护强度与实际人均国民收入相关并存在一个倒 U 形关系，专利保护强度随着人均国民收入增加而增强，到达一个临界点后会出现高位逆转，具体表现为专利侵权日益增加，司法保护日趋恶化，专利司法保护强度随之减弱，Saito（2017）的研究也发现了这一规律，可见，专利保护制度的调整需要与国家经济的发展相匹配。

在 1985 年我国专利法实施之后的 30 多年内，我国专利制度已经经历了多次修改。变化较大的一次是我国加入世界贸易组织（以下简称世贸组织）后，应世贸组织的要求，我国改进了专利制度，达到了世贸组织的最低要求。但在此之后，我国的专利保护在很长一段时间内都处于这种弱保护模式。2018 年 12 月，《专利法修正案（草案）》提交十三届全国人大常委会第七次会议审议后通过，标志着我国专利法第四次修改工作的深入推进，发出了我国专利司法保护强度由弱转强的重要信号。与以往的被动调整不同，此次是为建设创新型国家的基本政策而发起的主动的、全面的调整。此外，此次拟订的调整幅度巨大，最低法定赔偿额直接增长到之前的 10 倍，最高的法定赔偿额增长为之前的 5 倍，并且增加惩罚性赔偿额。

国内外关于"专利司法保护强度的动态调整"的研究表明，发达国家的专利司法保护强度经历了由弱转强，保护手段经历了由单一、粗略到多元化、精细化的发展历程。对于美国这样的专利司法保护制度较为完善的国家，专利司法保护强度仍然处于动态调整之中，会为了抑制专利钓饵的影响，主动削弱过强的专利保护强度。此外，研究表明，专利司法保护强度的调整对不同产业的作用效果存在较大差异。我国加入世贸组织之后，专利保护强度一直处于世贸组织要求的最低标准，其间虽然经历过几次局部的调整，但总体还是一直处于专利弱保护模式。这种专利弱保护模式已经无法与经济、科技发展水平相适应，因此我国已经启动对于专利司法保护强度的大幅度调整。在建设创新型国家的背景下，随着科技水平的进一步发展，专利司法保护强度的动态调整必然会常态化。

2.4　专利司法保护对企业专利决策行为的影响

关于专利司法保护对企业专利决策行为的影响，国外学者展开了广泛的研究。Turner（1998）发现美国法院发出的"永久性禁令"会诱使"非专利实施主体"（Non-Practice Entity，NPE）企业发起专利诉讼，这不利于促进专利的商业化。Gonley 和 Orozco（2007）提出专利侵权成立不应直接导致"永久性禁令"的发出，而应依据"四要素检验"（Four Factor Test）的衡平原则，判断是否发出禁令，这有利于减少专利钓饵频繁地对生产型企业提起专利诉讼的行为。Vermont（2008）发现法院适用"等同原则"（Doctrine of Equivalent）判定侵权会导致专利诉讼行为的激增，但是"等同原则"对创新行为有较强的激励作用。Antion 和 Yao（2007）研究发现，美国采用所失利润（Lost Profits）规则计算损害赔偿额对侵权行为的震慑力较弱。Shapiro（2010）研究发现，在专利权人对下游企业实施专利拦截的情况下，专利权人具有明显的谈判优势。并且，由于美国授予了大量有效性、权利范围不确定的专利，所以专利权人的这种谈判优势普遍存在。特别是产品利润高，而专利权人的专利只是侵权产品的一小部分时，永久性禁令会使生产者因为停止上市与销售而遭受巨大的损失，此时，永久性禁令对双方的谈判行为影响非常大。Janicke 和 Ren（2006）的回归分析发现，美国专利的特征量、专利权人的特征量、是否是主场法院（Home Court）、陪审团的情况、律师经验等因素对专利权人的胜诉率有显著影响。Mazzeo 等（2011）的回归分析发现，陪审团的参与、赔偿额计算规则、专利的特征量、原被告的特征量等因素对专利侵权损害赔偿额有显著影响。以上因素在一定程度上影响了专利权人的诉讼策略。Sepetys 和 Cox（2009）对中国的知识产权侵权案件进行了回归分析，发现中国的专利侵权损害赔偿额要远小于美国的专利侵权损害赔偿额，这不利于对美国在华企业的创新进行保护。Raghu 等（2007）、Hall 和 Ziedonis（2007）的实证分析发现，20世纪 80 年代后，由于美国法院加强了专利保护，越来越多的非半导体行业的专利权人对半导体行业的企业提起了诉讼，使半导体产业受到冲击，专利司法保护强度对不同产业的企业专利决策行为的影响存在差异。国外学者关于"专利司法保护对企业专利决策行为的影响"的研究表明，专利司法保护制度中的专利侵权判定、永久性禁令、专利侵权损害赔偿是影响企业专利决策行为的三个重要因素。专利侵权判定、永久性禁令、专利侵权损害赔偿的适用可以作为政策杠杆，调节专利司法保护强度。国外学者的研究主要是针对发达国家、专利强保护背景下，专利侵权判定、永久性禁令、专利侵权损害赔偿的适用对企业专利决策行为产生的影响，并将研究结论拓展至对产业、企业创新行为的影响等方面。

我国学者也对该问题进行了一定的研究。吴欣望（2003）发现专利权人的边际搜寻成本曲线与侵权者的边际赔偿曲线相交时，专利权人搜寻侵权者的数量达到最优，继续搜寻会导致搜寻成本过高，因此打击侵权的行为应该适度。寇宗来（2004）研究发现，在累积创新环境下，为保障创新者占有其创新利润，政府必须使用禁令来阻止其他厂商对该专利产品进行周围创新，禁令可能会导致垄断定价扭曲的社会福利损失，使一些在技术上可行的、对社会有益的产品无法推向市场，这种扭曲效应体现为专利制度的静态损失，当静态损失占优时应该降低专利保护的力度，反之，如果要激励创新，则应该增大专利保护的力度。赵联宁和陈广华（2007）对我国现有专利侵权诉讼制度下权利人与侵权人之间的策略选择进行了博弈模型分析，侵权人有"侵权、不侵权"的策略选择，专利权人有"容忍、打击"的策略选择，纳什均衡路径是"侵权—打击"。

关于"专利司法保护对企业专利决策行为的影响"的研究表明，专利司法保护的强度对企业的专利决策行为有显著的影响，专利的强保护模式会促使专利钓饵的诉讼数量大幅增加。与此同时，专利的弱保护模式可能会阻碍企业的创新。因此，有必要从微观机理入手，分析专利权人/侵权人的专利决策过程，结合我国的专利司法保护制度，对不同技术领域的企业的专利策略进行理论分析，研究我国专利司法保护制度下企业的典型专利决策模式，得到影响专利决策行为的关键因素，提供专利司法保护对企业创新行为的作用方向。

2.5　研究述评

总结以上四部分研究现状可知，国外学者对专利侵权损害赔偿额、专利司法保护强度的量化、专利司法保护强度的动态调整、专利司法保护对企业专利决策行为的影响等都有较为深入的研究，这些研究结果对指导我国专利政策的完善具有一定的借鉴意义。但由于这些研究基本针对发达国家完善的强专利保护模式，因此研究结果不能直接用于指导我国的专利司法保护。具体来说，对于专利侵权损害赔偿额，我国的司法实践中大规模适用了法定赔偿额，使得其他三种赔偿额计算方式的实际效果大大减弱，这是目前发达国家不存在的现象，国外缺少这方面研究；而对于专利司法保护强度的量化模型的研究，将国外成熟的基于立法指标的模型应用于评价我国专利司法保护强度时完全失效；对于专利司法保护强度的动态调整，国外研究主要集中于如何调整过强的专利保护，以便抑制专利钓饵的影响；关于专利司法保护对企业专利决策行为影响的研究，国外研究主要是分析强保护下企业的专利决策行为模式。国内学者对专利侵权损害赔偿额的研究，主要集中在比较我国专利侵权损害赔偿额与发达国家的异同，或是分析我国的专利侵权损害赔偿额偏低的原因，较少提出切实可行的改进方案；国内学者对专利司法保护强度的量化研究主要集中于局部探索阶段，未提出将赔偿额、产业差异影响考虑在内的专利司法保护强度模型；国内学者鲜有针对我国专利司法保护强度的动态调整的研究；国内学者关于专利司法保护对企业专利决策行为影响的研究，仅是理论研究，鲜有结合我国专利司法保护的实践进行分析。

第 3 章

我国专利司法保护
对企业专利决策行为的影响机理

　　专利法律和政策通过法律适用（司法）、政策实施形成对科技创新主体的作用机制。企业作为重要的科技创新主体，是我国国民经济的支柱，在国民经济的关键领域和重要部门中处于支配地位，为确保国民经济持续、快速、健康发展，发挥着重大作用。因此，研究专利司法保护对企业的作用机制，对于促进我国国民经济的发展、推动产业的转型升级具有重要的意义。

　　国外众多学者对"专利司法保护对企业的专利决策行为的影

响"进行了大量研究。Reitzig 等（2007）、Antion 和 Yao（2007）、Schaerr 和 Loshin（2011）、Mazzeo 和 Hillel（2013）等的研究表明，专利侵权损害赔偿的计算规则对企业的专利决策行为具有重要影响。Bessen 和 Meurer（2008）、Choi（2009）研究发现，当产品销量较大时，采用侵权者所获利润规则计算赔偿额对侵权企业的打击力度很大，因此，在一些专利密集型产业，部分企业会因惧怕赔偿而选择退出市场。Sherry 和 Teece（2004）、Shapiro 和 Lemley（2007）的研究表明，如果法院采用许可费率规则计算赔偿额，且许可费率较高，侵权企业会倾向于采用诉讼和解策略，与专利权人达成专利许可协议。Wright（2001）的研究表明，惩罚性赔偿将在很大程度上遏制企业恶意侵犯专利权的行为，企业的故意侵权行为会减少。由此可知，专利侵权赔偿额是表征专利司法保护强度的重要因素之一，国外学者对"专利司法保护对企业专利决策行为的影响"的研究主要集中在"专利侵权损害赔偿对企业专利决策行为的影响"上。

国内学者也对相关问题进行了研究，贺宁馨和袁晓东（2012）通过实证研究发现，我国专利侵权案件中存在大规模适用法定赔偿数额的现象，由于我国具体的侵权损害赔偿适用标准还不够完善，导致专利权人举证不充分、不合理，致使法院无法适用"所失利润、专利许可费率、侵权者所获利润"而最终适用"法定赔偿"规则计算赔偿额，是导致"侵权损害赔偿额较低"的重要因素之一，也导致许多企业更倾向于选择技术秘密策略保护技术。曹勇和黄颖（2011）采用与 Reitzig 等（2007）相同的方法研究了专利侵权损害赔偿对企业专利决策行为的影响，但他们没考虑法定赔偿额的影响。综上，对该问题的研究，国外文献主要是分析发达国家强保护模式下企业的专利决策行为。国内文献主要集中在分析发达国家的强保护模式下企业的专利决策行为以及对我国的借鉴，或是分析我国的专利侵权损害赔偿额偏低的原因，较少针对我国司法实践现状，研究我国专利司法保护对企业专利决策行为的影响机理。

本章首先分析专利司法保护制度下的企业专利决策行为模式，得到企业典型的专利决策模式。然后针对我国专利侵权赔偿额进行实证调研，以此为基础，分析我国专利司法保护制度的调整对企业专利决策行为的影响，得到我国专利司法保护对企业专利决策行为的影响机理，并据此提出政策建议。

3.1 专利决策过程的分析

通过理论分析（Reitzig 等，2007）新进入某产业领域的企业的专利决策过程，得出专利司法保护制度下企业的典型专利决策模式。原专利权人为 M_{old}，新进入的企业为 M_{new}。设某项技术已经被其他企业申请专利的概率为 p_{pM}，之后新进入的企业花费了成本 x 检索专利，在存在该专利的条件下检索到专利的概率为 $f(x)$，$f(x)$ 随 x 的增加而增加，其取值范围为 $[0, 1]$。检索到专利后，M_{new} 可采取的专利策略有购买许可、侵权损害赔偿，或是开发新技术，企业采用这三种策略获得的利润分别为 Π_1-LF，Π_1-d，$\Pi_1-R\&D_{ia}$（Π_1 为新企业采用该技术生产的收益，LF 为专利授权许可费用，d 为专利侵权损害赔偿额，$R\&D_{ia}$ 为开发替代技术产生的费用）。检索不到专利的概率为 $1-p_{pM}f(x)$。在检索不到专利的条件下，存在专利而检索不到的概率为 p'_{pM}，而由于不存在此专利而导致检索不到的概率为 $1-p'_{pM}$。其中，$p'_{pM}=\dfrac{p_{pM}(1-f(x))}{1-p_{pM}f(x)}$。在存在专利而检索不到的情况下，采用该技术被起诉判赔的概率为 p_{pD}，采用该技术不被起诉的概率为 $1-p_{pD}$。综合以上分析可得，在检索费用为

x 的条件下，新进入企业 M_{new} 的净利润期望值为：

$$E\left[\Pi|x\right]=p_{\text{pM}}f(x)\times\max\left\{\Pi_1-LF,\Pi_1-d,\Pi_1-R\&D_{\text{ia}},0\right\}+$$
$$(1-p_{\text{pM}}f(x))\times\max\left\{p'_{\text{pM}}\left[p_{\text{pD}}(\Pi_1-d)+\right.\right.$$
$$(1-p_{\text{pD}})\Pi_1\right]+(1-p'_{\text{pM}})\Pi_1,0\right\}-x$$

下面从不同的视角分析专利司法保护对不同技术领域的企业的专利决策的影响。首先，假设该领域为专利密集型行业，发展较为成熟，p_{pM} 接近 1，检索费用较低，检索正确概率接近 1，那么，M_{new} 净利润的期望值就退化为以下的表达式：$\max\left\{\Pi_1-LF,\Pi_1-d,\Pi_1-R\&D_{\text{ia}},0\right\}$。一方面，对于专利密集型、资金密集型的高科技领域，专利授权许可费用 LF 一般较高，替代技术的研发费用 $R\&D_{\text{ia}}$ 也很高，甚至有的技术基于专利标准的原因，很难采用替代技术，专利侵权损害赔偿额 d 在很大程度上决定了新企业 M_{new} 净利润的期望值。因此，在这种情况下，专利侵权损害赔偿额 d 对新企业 M_{new} 的专利策略具有重要影响。另一方面，对于某些专利密集型、资金密集型的高科技领域，例如集成电路产业，芯片的自主知识产权关系着通信领域的国家安全，而我国每年花费千亿美元进口各类芯片，国内的产值只占其中 1/10，由于芯片的自主知识产权关系着通信领域的国家安全，特别是"中兴事件"后，我国更加意识到了核心产业的重要性。针对这种现状，政府已经开始对相关重点企业进行大力扶持，这体现在企业层面上是减少了企业替代技术的 $R\&D_{\text{ia}}$ 费用的负担，有利于企业专利战略向自主研发转变。其次，假设该技术为新领域技术，专利量极少，p_{pM} 接近 0，p'_{pM} 接近 0，检索费用接近 0，那么，M_{new} 净利润的期望值就退化为以下的表达式：$\max\left\{\Pi_1,0\right\}$，这时 Π_1 占主导。短期内，专利侵权损害赔偿额 d 对企业 M_{new} 净利润的期望值的影响较小。但随着该领域产业的发展，专利量必定会不断增加，专利侵权损害赔偿额 d 的影响将逐步增大。

对于经费不足的中小企业，如果检索不充分导致检索不到该专利，假设使用该技术被起诉的概率 p_{pD} 为 1，则在存在专利而未检索到的情况下，新进入企业的净利润值退化为：$\Pi_1 - d - x$，这种情况下，专利侵权损害赔偿额 d 极大地压缩了企业的净利润，此外，专利检索费用也是影响中小企业专利策略和净利润的因素。针对这种情况，目前由中国国家知识产权局与世界知识产权组织（WIPO）共同开展了技术与创新支持中心（TISC）项目，计划截至 2021 年在中国建设 100 家左右的 TISC 单位，将为我国众多中小企业提供更便利的检索服务，降低因检索不充分导致侵权的概率。

此外，随着我国科技水平的进步，部分企业已处于世界领先水平，在众多关键技术上拥有了大量专利，典型的企业如华为。2016 年年底，华为主导的 5G 短码标准成为国际标准，意味着在通信领域，我国的企业从以前的以新进入企业 M_{new} 角色开始向大量专利持有者 M_{old} 角色转换。这时企业 M_{old} 的收益表达式为：$\max\{\Pi_0 + LF, \Pi_0 + d\}$（$\Pi_0$ 为原专利持有者企业 M_{old} 的生产收益，LF 为专利授权产生的收益，d 为专利侵权损害赔偿额）。确定合理的专利司法保护水平成为保护企业专利不受侵犯、保障企业合法权益、激励企业创新的重要政策杠杆。

专利司法保护对企业专利决策行为的影响机理的理论分析结果显示，新进入某领域的企业的典型专利决策模式有四种：购买专利许可、侵权、自主创新、退出市场。可以提取三个独立参数作为影响企业专利决策行为的主要表征因素：专利侵权损害赔偿额、技术已经被申请专利的概率、替代技术的研发成本，它们是影响企业专利决策行为的重要因素。考虑到技术已经被申请专利的概率是技术属性，本章重点考虑专利侵权赔偿额以及替代技术的研发成本对我国企业专利决策行为的影响。

3.2 《专利法》调整赔偿额对
企业专利决策行为的影响

3.2.1 我国专利侵权赔偿额的调研

鉴于我国司法实践现状与发达国家有巨大差异，为揭示我国专利司法保护对企业专利决策行为的影响机理，有必要对我国专利侵权赔偿额进行实证调研。

以 2005—2016 年最高人民法院公布的专利侵权案件为样本进行实证研究，共搜集到 763 件侵权案件❶。其中，专利权人胜诉案件 570 件，败诉案件 193 件，在胜诉的案件中，按照"所失利润"规则计算赔偿额的案件为 1 件，按照"侵权者所获利润"规则计算赔偿额的案件为 3 件，按照"专利许可费率"规则计算赔偿额的案件为 12 件，按照"法定赔偿"规则计算赔偿额的案件为 554 件，见表 3-1。

表 3-1 专利侵权案件胜、败诉及赔偿规则适用情况的统计分析

分类	胜诉	败诉	所失利润	侵权者所获利润	专利许可费率	法定赔偿
案件量/件	570	193	1	3	12	554

---

❶ 本书汇集了作者不同阶段的研究成果，数据也在不停地增补完善，数据来源包括通过百度、谷歌搜集的案例，"中国知识产权裁判文书网""中国裁判文书网"（最高人民法院最早在"中国知识产权裁判文书网"公布知识产权案例，之后建立了"中国裁判文书网"，取代了"中国知识产权裁判文书网"，统一公布民事案例，包括知识产权案件）以及"北大法宝"。

对样本的赔偿额进行进一步的统计分析，结果见表3-2。研究发现，我国专利侵权赔偿额较低的原因主要是我国大规模适用了法定赔偿规则计算赔偿额，而法定赔偿的平均赔偿额仅为8.01万元。其中，接近法定赔偿额的下限（下限<赔偿额<下限+0.5万元）的案件数为85件，接近法定赔偿额的上限（上限-5万元<赔偿额<上限）的案件数为13件，法定赔偿额在上下限之间的案件数为456件，见表3-3。

表3-2　样本的赔偿额的统计分析 　　　　　　　（单位：万元）

赔偿额计算方式	最低赔偿数额	最高赔偿数额	平均赔偿数额
法定赔偿	0.05	100	8.01
侵权者所获利润	8	20	—
所失利润	—	3000	—
专利许可费率	1	500	—

表3-3　法定赔偿额的统计描述

赔偿额	接近法定赔偿额的下限 （下限<赔偿额<下限+0.5万元）	接近法定赔偿额的上限 （上限-5万元<赔偿额<上限）	法定赔偿额 在上下限之间
件数	85	13	456

对法院在确定法定赔偿额时参考因素进行统计分析发现，法定赔偿的参考因素覆盖了其他三种专利侵权赔偿额（所失利润、专利许可费率、侵权者所获利润）的参考因素，见表3-4。考虑到专利法中规定了法定赔偿额上下限，较低的法定赔偿额上下限使实际赔偿被限定在较小的额度范围内。作为兜底的计算规则，法定赔偿额既在一定程度上保障了专利权人的经济利益，又对预防专利钓饵起到了一定的积极作用。但随着经济、科技的发展，较低的法定赔偿额不利于激发创

新。因此，2018 年 12 月的《专利法修正案（草案）》大幅提高了法定赔偿额，可以预见今后的专利实际赔偿额也将大幅提升，专利保护力度将明显增强。由于法定赔偿的参考因素形式上覆盖了其他三种专利侵权赔偿额，随着法定赔偿额上下限的不断提升，最终法定赔偿可以平稳过渡到另外三种赔偿计算规则。

表 3-4　法定赔偿的确定参考因素的统计

赔偿计算方式	参考因素	出现频次
所失利润	为制止、调查侵权的合理开支	214
	请求赔偿	67
侵权者所获利润	侵权性质	284
	主观故意	78
	侵权时间	229
	侵权范围	110
	侵权规模	45
	侵权的后果	11
	涉案专利占整个侵权产品的价值比重	5
	产品价格、数量	79
	产品一般市场利润、合理利润	33
专利许可费率	专利许可费数额，许可性质、范围、时间	50

3.2.2　我国专利侵权赔偿额的提升对企业专利决策行为的影响

根据 Choi（2009）的研究，侵权者所获利润在一定程度上可以表征专利权人所失利润。因此，本小节主要分析侵权者所获利润规则、专利许可费率规则、法定赔偿规则。首先分析国际上普遍采用的侵权者所获利润规则和专利许可费率规则对专利决策行为的影响，然后针对我国司法实践中普遍适用法定赔偿的现状，分析我国法定赔偿额的大幅提升及增加惩罚性赔偿对企业专利决策行为的影响。

图 3-1 显示了在侵权者所获利润规则和专利许可费率规则两种典型情况下，企业利润随销量的变化。每幅图中有三条实线、一条虚线：线 1 表示企业的毛利润（Π_0）；线 2 表示企业采用替代技术之后，毛利润减去开发成本 C_{ia} 后的利润（Π_0-C_{ia}）；线 3 表示专利侵权赔偿后所获利润；虚线表示诉讼前许可谈判的利润。其中，图 3-1（a）的线 3 显示了采用侵权者所获利润规则对企业利润的影响，所获利润为 d_{ip}，总利润为 $\Pi_0-d_{ip}=0$，线 3 与横坐标轴重合。图 3-1（b）的线 3 显示了采用专利许可费率规则计算赔偿对企业利润的影响，专利许可费率为 d_{sr}，总利润为 Π_0-d_{sr}。由图 3-1（a）可以看出，对于新进入企业，一旦采用"侵权者所获利润"规则计算赔偿额，企业实际获得的利润将降为 0。如果采用"专利许可费率"规则计算赔偿额，由于开发替代技术有一定的开发成本，从短期来看，采用侵权的策略获利比开发替代技术的策略所获利润要高，但是利润增长速度比后者慢，当销量达到一定量时，采用侵权策略的获利比开发替代技术的策略所获利润要低。综上，在采用第一种赔偿额规则计算赔偿时，侵权人没有获利空间，因此，对侵权人的惩罚力度更大，迫使企业倾向于选择自主研发替代技术。在采用第二种赔偿额规则计算赔偿时，侵权人有一定的获利空间，但所获利润与销量有关，当预期市场销量较小时，企业倾向于侵权；当预期销量较大时，企业更倾向于开发替代技术。以上两种计算规则是国际上（包括我国）基本的计算规则，但是我国普遍采用法定赔偿计算规则，因此必须针对我国的国情，对法定赔偿规则下企业的专利决策行为进行研究。

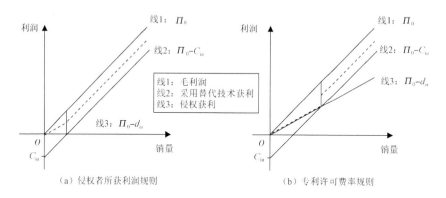

图 3-1　侵权者所获利润规则和专利许可费率规则对企业利润的影响

　　鉴于我国《专利法修正案（草案）》（2018 年 12 月版，提交十三届全国人大常委会第七次会议审议通过）大幅度调整了法定赔偿额的上下限，并且增加了惩罚性赔偿，必定对企业的专利决策行为产生较大影响，因此下面分析在三种情况下我国专利法定赔偿额的调整对企业专利决策行为的影响。第一种情况是赔偿额接近法定赔偿额上限，第二种情况是赔偿额接近法定赔偿额下限，第三种情况是赔偿额介于法定赔偿额上下限之间，这三种情况分别称为 case1、case2、case3。图 3-2 显示了这三种情况下，我国专利司法保护强度的调整对企业利润的影响，每幅图中有四条实线，线 1 和线 2 分别表示毛利润与企业采用替代技术之后的利润，与图 3-1 中的含义一致，而线 3 和线 4 分别表示法定赔偿额调整前后企业侵权所得利润。

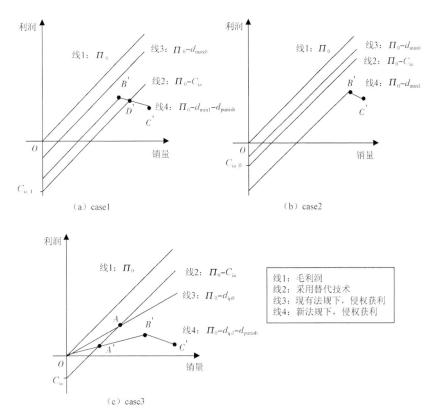

图 3-2　法定赔偿额的调整及增加惩罚性赔偿对企业 M_{new} 利润的影响

图 3-2（a）显示了法定赔偿额上限的调整对企业 M_{new} 利润的影响（称为 case1）。法定赔偿额上限由 100 万元提升到 500 万元，增长后为原来的 5 倍，并且对于故意侵权增加了惩罚性赔偿。一般来说，法定赔偿额上限针对的是研发成本很高的技术。图中线 3 显示了采用法定赔偿额上限，法定赔偿额对企业利润的影响，法定赔偿额为 d_{max0}，总利润为 Π_0-d_{max0}。线 4 显示了采用调整后的法定赔偿额上限以及可能采用的惩罚性赔偿对企业利润的影响，法定赔偿额为 d_{min1}，惩罚性赔偿为 d_{punish}，总利润为 $\Pi_0-d_{min1}-d_{punish}$。可以看出，一方面，随着法定赔偿额上限大幅提升，相比

法定赔偿额上限调整之前（线 3），法定赔偿额上限调整之后（线 4）的侵权所获利润空间明显降低。另一方面，调整之后一旦被判定侵权，如果不停止侵权，还将面临惩罚性赔偿，利润将进一步降低。如果企业停止侵权（对应曲线终点是 B' 点），利润停止增长；如果继续侵权（曲线终点可能会是 D'、C' 点），利润将下降。可以看出，法定赔偿额上限调整之前，相比开发替代技术，采用侵权的策略利润空间明显较高，企业更倾向于采用侵权策略。法定赔偿额上限调整之后，一旦被判定侵权，企业如果选择停止侵权，利润将停止增长；如果选择继续侵权，利润还将下降。显然，在这种情况下，一旦被诉讼侵权，企业更倾向于选择停止侵权。如果预期销量足够大，对比侵权和开发替代技术策略，企业更倾向于选择开发替代技术策略。

图 3-2（b）显示了法定赔偿额下限的调整对企业 M_{new} 利润的影响（称为 case2）。法定赔偿额下限由 1 万元提升到 10 万元。一般来说，法定赔偿额下限针对的是研发成本较低的技术。线 3 显示了采用法定赔偿额下限对企业利润的影响，法定赔偿额为 d_{min0}，总利润为 Π_0-d_{min0}。线 4 显示了采用调整后的法定赔偿额下限对企业利润的影响，法定赔偿额为 d_{min1}，总利润为 Π_0-d_{min1}。从图中可以看出，随着法定赔偿额下限大幅提升，相比法定赔偿额下限调整之前（线 3），法定赔偿额下限调整之后（线 4）的侵权所获利润空间明显降低，已低于采用开发替代技术。可以看出，相比采用开发替代技术，法定赔偿额下限调整之前，侵权策略有一定的利润空间，企业更倾向于采取侵权策略。法定赔偿额下限调整之后，侵权所获利润空间明显被压缩，已低于采用开发替代技术的利润空间，而且还可能面临惩罚性赔偿。企业一旦被诉讼侵权，更倾向于选择停止侵权。无论预期销量如何，对比侵权和开发替代技术策略，企业更倾向于选择开发替代技术策略。

图 3-2（c）显示了赔偿额介于法定赔偿额上下限之间的情况下，

法定赔偿额的提升对企业 M_{new} 利润的影响（称为 case3）。由前面的实证研究可知，在这种情况下，判定的法定赔偿额要考虑侵权时间、侵权范围、侵权规模、产品价格、数量等因素的影响。可以假定判定的法定赔偿额与产品销量成正比，那么侵权赔偿对利润率直线的作用体现在直线的斜率变低。可以预期调整后侵权所获利润直线的斜率将会更低。如图 3-2（c）所示，线 3 表示采用现有法定赔偿额对企业利润的影响，法定赔偿额为 d_{ip_0}，总利润为 $\Pi_0 - d_{\text{ip}_0}$。线 4 显示了提高法定赔偿额以及采用惩罚性赔偿对企业利润的影响，法定赔偿额为 d_{ip_1}，惩罚性赔偿为 d_{punish}，总利润为 $\Pi_0 - d_{\text{ip}_1} - d_{\text{punish}}$。从图中可以看出，随着法定赔偿额大幅提升，相比法定赔偿额调整之前（线 3），法定赔偿额调整之后（线 4）的侵权所获利润空间明显降低。线 3、线 4 与线 2 都有交点，分别相交于点 A 和 A'。表明在早期销量较小时，侵权具有一定的获利空间，但由于侵权所获利的增长速度低于开发替代技术，随着销量的增加，侵权所获利润将等于并最终低于采用开发替代技术策略的利润，分界点在 A 点和 A' 点，可以看出 A' 点相比于 A 点前移。这表明赔偿额调整后不仅总体的侵权利润被压低，而且相比开发替代技术，早期的利润优势也明显降低。可以看出，法定赔偿额调整之前，销量较小时，相比开发替代技术，侵权利润空间具有一定的优势，但随着销量的增加，这种优势会减弱并丧失。因此，在商品预期销量较小时，企业更倾向于采取侵权策略。在商品预期销量较大时，企业更倾向于采取开发替代技术策略。法定赔偿额调整之后，企业采用的专利策略同样根据预期销量分为前后两种策略，但销量的拐点前移，企业会更多地选择开发替代技术策略。

3.3　结论与建议

　　我国的专利司法保护实践与国外有较大的差异，主要是大规模地适用了法定赔偿。实证研究表明，我国法定赔偿额的参考因素覆盖了其他三种专利侵权赔偿额（所失利润、侵权者所获利润、专利许可费率）。作为兜底的计算规则，法定赔偿额既在一定程度上保障了专利权人的经济利益，又对预防专利钓饵起到了一定的积极作用。随着《专利法修正案（草案）》（2018 年 12 月提交十三届全国人大常委会第七次会议审议通过）大幅提高法定赔偿额，专利保护力度明显增强，企业更倾向于选择自主创新的专利策略。根据研究结果，提出以下建议：

　　（1）对研发成本较高的高新技术重点产业，一方面，可以对企业的研发进行适当补贴，引导企业选择自主创新的专利策略。另一方面，提高法定赔偿额的上限，可以保障高新技术企业的专利权益，激发企业的创新性。

　　（2）对研发成本较低的产业，提高法定赔偿额的下限，有利于引导企业选择自主创新的专利策略，但是也要防范专利钓饵对小型企业的诉讼风险。

　　（3）对市场容量较大的领域，惩罚性赔偿的增加可以促进企业倾向于选择自主创新的专利策略。对市场容量较小的领域，提高法定赔偿额也可以压缩侵权策略的获利空间，促进企业转向自主创新的专利策略。

第 4 章

专利诉讼风险对企业专利
决策行为影响的实证研究

　　随着我国经济、科技水平的高速发展，我国专利的申请量持续增加，专利侵权案件数量逐年增长。专利侵权诉讼可能会对企业造成严重冲击，因此，针对专利诉讼的风险分析对于诉讼各方至关重要。诉讼各方从诉讼申请开始，甚至在提交申请之前，都需要不断评估各自的风险。有效评估专利侵权诉讼风险可以帮助各方决定诉讼策略。风险分析也是涉诉各方拟订庭外和解方案的重要依据，这也为涉诉各方节省了诉讼费用和时间成本。此外，诉讼各方在一个准确的风险分析系统的帮助下达成庭外和解，也有助于减轻司法系统的负担，使司法系统更有效率。

国外学者对专利诉讼风险进行了一定量的理论和实证研究，但主要是针对国外司法体系下的外国案例，针对我国案例的相关研究尚属空白。而我国学者对专利诉讼风险分析主要集中在理论研究上，只有少数学者对该问题进行了实证研究，采用"专利诉讼胜败诉率和侵权赔偿额"作为专利诉讼风险表征指标的文献尚未见于报道。基于此，本章首先建立专利诉讼风险分析模型，然后以此为基础，以侵权人的败诉率、赔偿额及其主要影响因素作为专利诉讼风险评价指标，对我国专利诉讼的风险进行实证分析，最后，根据前面的研究结果，分析专利诉讼风险对企业专利决策行为的影响。

关于专利诉讼风险，国外学者从理论上展开了较为广泛的研究。例如，Hubbard 和 Brooks（2010）分析了美国专利诉讼制度的变革对企业专利诉讼风险的影响；Legaard 和 Smith-Hill（2014）从理论上提出在企业应该建立专利侵权风险评估战略，分析企业被非专利实施主体提起诉讼的风险。也有部分学者对该问题进行了实证分析。例如，Ailison 等（2011）从胜诉率的角度，分析专利钓饵对科技型企业带来的诉讼风险，并指出由于专利钓饵在庭审阶段的胜诉率并不高，所以潜在的侵权企业可以选择"反诉、无效专利"的专利诉讼战略应对专利钓饵的诉讼。Suredeanu 等（2011）以专利诉讼的胜败诉率表征专利诉讼风险，建立了专利诉讼风险预测的 CRF 模型，预测美国原被告的专利诉讼风险。Mazzeo 等（2011）以赔偿额为指标，评估了赔偿额及其影响因素给诉讼各方带来的风险，研究指出美国专利诉讼结果是可以预测的。Schaerr 和 Loshin（2011）、Reitzig 等（2007）的研究指出巨额的赔偿额是引发专利钓饵频繁诉讼的重要诱因，特别是在专利密集的半导体行业，企业的专利诉讼风险很高。因此，国外学者对该问题的实证研究主要是从专利诉讼的胜败诉率、赔偿额角度出发，评估诉讼各方的专利诉讼风险。尽管国外学者对专利诉讼风险的研究有理论研究，也有一定量的实证研究，但主要是针对发达国家的专利诉讼制度和案例的研究，针对我国专利诉讼制度和案例的相关研究尚属空白。

关于专利诉讼风险的研究，国内学者的研究还较少。大部分学者还是从理论上研究专利诉讼风险，如杨云霞（2009）将 TRIZ 理论应用于专利侵权风险分析；李秀娟（2009）研究了专利价值评估中的专利诉讼风险因素；肖丽和王向红（2017）研究了谷歌的专利诉讼风险以及应对风险的专利战略。仅有少部分学者对该问题进行了实证研究，如漆苏（2013）对我国企业在海外经营中的专利诉讼风险进行了识别；张杰等（2015）对 LED 产业的高诉讼风险专利进行了识别。但这些研究是对国外案例的研究，鲜有使用我国的专利诉讼案例进行研究的相关文献，以我国"专利诉讼胜败诉率和侵权赔偿额"作为专利诉讼风险表征指标的文献尚未见于报道。

4.1　专利诉讼风险分析模型的构建

由第 3 章对专利决策过程的理论分析可知，影响专利决策过程的主要因素包括：专利授权许可费用 LF、专利侵权损害赔偿额 d、开发替代技术产生的费用 $R\&D_{ia}$、技术已经被其他企业申请专利的概率 p_{pM}、存在专利而检索不到的概率 p'_{pM}、在存在专利而检索不到的情况下采用该技术被起诉判赔的概率 p_{pD}、检索费用 x。其中，d 的大小在一定程度上反映了 LF、$R\&D_{ia}$ 的高低，采用该技术被起诉判赔的概率 p_{pD} 反映了侵权人的败诉率，因此，影响企业专利诉讼决策行为的因素主要包括两个方面：侵权人的败诉率 p_{pD}、专利侵权损害赔偿额 d。采用"专利诉讼胜败诉率、专利侵权损害赔偿额"评估专利诉讼风险，国外有一定量的研究，国内的研究尚属空白。鉴于此，本章以侵权人的败诉率、专利侵权损害赔偿额及其主要影响因素作为评价指标，研究我国专利诉讼风险及其对企业专利战略的影响。考虑到 Logistic 回归为概率型非线性回归模型，是研究二分类观察结果与一些影响因素之间关系的一种多变量分析方法，因此，构建专利诉讼风险分析的 Logistic 模型，分析在不同自变量情况下侵权人的败诉率。另外，考虑到专利侵权损害赔偿额是数值变量的特性，本章构建两个专利诉讼风险分析模型，其表达式如下：

$$\ln\frac{p_{pD}}{1-p_{pD}} = \beta_0 + \beta_1 CHAR + \beta_2 CASE + \mu \qquad (4-1)$$

$$\ln d = \beta_0' + \beta_1' X + \mu \qquad (4-2)$$

式（4-1）中，p_{pD} 是侵权人的败诉率，表征新进入企业面临的被起诉判赔的概率，本章将其定义为专利诉讼风险，$1-p_{pD}$ 为侵权人胜诉的概率，p_{pD} 越大，新进入企业面临的专利诉讼风险越高；$CHAR$、$CASE$ 分别表示涉诉专利的技术特征、诉讼的特征量，这两类指标是影响 p_{pD} 的重要因素；β_1 和 β_2 是回归系数；μ 是随机扰动项。式（4-2）中，d 是专利侵权损害赔偿额；X 表示专利侵权损害赔偿额的影响因素；β_0' 和 β_1' 是回归系数；μ 是随机扰动项。

4.2　我国专利诉讼风险的实证分析

4.2.1　样本与变量的选取

以最高人民法院公布的专利诉讼案件为样本，数据覆盖 24 个省、自治区、直辖市，43 家人民法院的裁判结果。数据均为手工搜集整理，即从阅读搜集到的每一份文书中，提取相关信息，整理形成变量。其中关于"涉诉专利的技术特征"变量，是在国家知识产权局检索数据库中对涉案的专利逐一手工检索、阅读专利授权文书后，提取相关信息，整理形成变量的。

式（4-1）中各变量的选取与赋值：对于因变量 p_{pD}，将侵权人败诉率赋值为 1，否则为 0。败诉率的影响因素分为两类：一类是涉诉专利的技术特征，表征为 CHAR；另一类是诉讼的特征量，表征为 CASE。这两类特征变量的定义和说明见表 4-1。

表 4-1　败诉率影响因素的定义和说明

变量	定义	类型	取值
type	专利类型，分为发明、实用新型、外观设计	分类变量	发明专利赋值为 1，否则为 0；实用新型、外观设计的赋值以此类推
times	专利从被授权到诉讼的时间跨度	数值变量	根据专利授权的年份和诉讼的年份获取
claims	权利要求数	数值变量	根据授权文书获取

续表

变量	定义	类型	取值
IPC	技术领域	数值变量	根据授权文书获取，一个分类号为1，两个分类号为2，以此类推
agency	是否由专利代理机构撰写专利	分类变量	根据授权文书获取，由代理机构撰写赋值为1，否则为0
planno	原告人数	数值变量	根据判决文书获取
applicant	原告的类别（企业还是个人）	分类变量	根据授权文书获取
defendno	被告人数	数值变量	根据判决文书获取
court	案件的审级（一审或二审）	分类变量	根据判决文书获取，一审赋值为1，二审赋值为0
region	诉讼地区	分类变量	根据判决文书获取，东部地区赋值为1，否则为0；中部、西部地区的赋值以此类推
year	诉讼年份	数值变量	根据判决文书获取

关于 *CHAR*（涉诉专利的技术特征）的变量选择如下：

①专利类型（*type*）。我国的专利分为三类，即发明、实用新型和外观设计，只有发明专利授权需要经过实质审查，相较其他两类专利的创造度更高，侵权人做回避设计的成本高、难度大。因此，发明专利一旦被侵权，侵权人的败诉率可能较高。

②专利从被授权到诉讼的时间跨度（*times*）。专利从被授权到诉讼的时间跨度越短，说明专利就会在较短时间内被模仿，专利可能为核心技术或者其潜在价值较高。由于在短时间内改进原专利的成本高、难度大，因此侵权人的败诉率可能较高。

③权利要求数（*claims*）。专利的权利要求数在一定程度上可以表征专利权的范围，权利要求的数量越多，表明专利的技术范围越明确，越容易被模仿。如果侵权人主要以"模仿和侵权"的战略进入新行业，

侵权人的败诉率可能较高。

④技术领域（*IPC*）。技术领域是指根据《国际专利分类斯特拉斯堡协定》（International Patent Classification Agreement，IPCA）划分的八大技术领域。一项技术可能会应用于多个不同领域，有几个分类号。可见，一项专利的 IPC 分类号数量在一定程度上可以表征专利应用领域的范围。专利的应用领域越广，被侵权的可能性越大，侵权人的败诉率可能越高。

⑤专利撰写（是否由专利代理机构撰写专利）（*agency*）。专利代理机构是专业的专利撰写机构。通常，其撰写的专利文书权利范围更准确，专利文书的质量更高，其撰写的专利被无效掉的概率更低，侵权人的败诉率可能较高。

关于 *CASE*（诉讼的特征量）的变量选择如下：

①原告人数（*planno*）。原告的人数越多，表明通过主张专利权的人数越多，主张权利的意愿越强烈，举证可能越充分，因此，原告人数越多，侵权人的败诉率可能越高。

②原告的类别（企业还是个人）（*applicant*）。相比个人发明人，企业具有更强的研发实力，技术的应用性更强，用途更明确、更广泛，专利被侵权的概率更高，侵权人的败诉率可能更高。

③被告人数（*defendno*）。被告的人数越多，表明侵权的范围和由侵权带来的恶劣影响越广，侵权人的败诉率可能越高。

④案件的审级（一审或者二审）（*court*）。二审是对一审原告、被告不服判决而提起的上诉，由于双方对判决存在争议，所以二审法院会对案件进行更严格的审查，因此，一审、二审案件侵权人的败诉率可能不同。

⑤诉讼地区（*region*）。由于各地区涉案的产业不同、专利类型不同，各地区侵权人的败诉率可能不同。

⑥诉讼年份（*year*）。不同年份受理的案件有差异，侵权人的败诉

率可能不同。

式（4-2）中各变量的选取与赋值：d 是法院判决的专利侵权损害赔偿额（以下简称赔偿额），其影响因素变量的定义和说明见表4-2。

表4-2　专利侵权损害赔偿额影响因素的定义和说明

变量	定义	类型	取值
TY	专利类型，分为发明、实用新型、外观设计	分类变量	发明专利赋值为1，否则为0；实用新型、外观设计的赋值以此类推
TI	侵权时间	数值变量	根据判决文书获取，从侵权人取证到法院一审判决下达为止的年份跨度
BE	侵权行为数量	数值变量	根据判决文书获取
IN	被告人数，也是侵权人数	数值变量	根据判决文书获取
AS	请求赔偿额	数值变量	根据判决文书获取
CO	原告的国籍	分类变量	根据判决文书获取，外国籍为1，否则为0
EN	原告的类别（企业还是个人）	分类变量	根据授权文书获取
LA	《专利法》修改	分类变量	根据判决文书获取，专利法修改后的判决赋值为1，修改之前的赋值为0
$REGION$	诉讼地区	分类变量	根据判决文书获取，东部地区赋值为1，否则为0；中、西部地区的赋值以此类推
$YEAR$	诉讼年份	数值变量	根据判决文书获取

各变量选择如下：

①专利类型（TY）。由于不同类型的专利的创造度不同，凝结的智力成果的价值也不同。从激励创新的角度出发，法官给予发明的赔偿额应较其他两类专利多。因此，不同类型的专利的赔偿额不同。

②侵权时间（TI）。侵权时间是侵权情节的一种。侵权时间越长，

法院应给予专利权人的赔偿额越多。因此，侵权时间是影响赔偿额的重要因素之一。

③侵权行为数量（*BE*）。侵权行为包括制造、使用、销售、进口、许诺销售等。侵权行为数量反映了侵权人的主观恶性、侵权范围和后果，因此，侵权行为数量是影响赔偿额的重要因素之一。

④被告人数（*IN*）。被告人数反映侵权人数，由于侵权人数在一定程度上可以代表侵权范围和后果，所以，侵权人数越多，法院判决赔偿额应越多。因此，侵权人数是影响赔偿额的重要因素之一。

⑤请求赔偿额（*AS*）。原告方专利的质量和举证充分度越高，预期的赔偿额越高，获得的赔偿也越多。因此，请求赔偿额是影响实际赔偿额的重要因素之一。

⑥原告的国籍（*CO*）。由于外国企业和中国企业的诉讼策略可能存在差异，因此获得的赔偿额可能不同。

⑦原告的类别（企业还是个人）（*EN*）。相比个人，企业原告的财力更强，聘用的律师团队实力更强，在诉讼中获得的赔偿额可能更多。

⑧《专利法》修改（*LA*）。我国于 2009 年 10 月 1 日实施的《专利法》修改了赔偿计算规则，从而更有利于专利权人的举证，并且把法定赔偿额上限由原来的 50 万元提高到了 100 万元，因此，《专利法》修改前后法院判决的赔偿额均值可能存在差异。

⑨诉讼地区（*REGION*）。由于地区经济发展水平的差异，赔偿额可能存在差异。

⑩诉讼年份（*YEAR*）。随着时间的推移，我国专利保护水平会加强，前面考虑的各个因素的计量结果会随时间变化、专利保护水平的提高而产生变化。

4.2.2 败诉率的实证分析

运用 Stata11.0 对数据进行实证分析。为了检验式（4-1）中 Logistic 模型的拟合优度，选取 hosmer 和 lemeshow 检验方法进行检验，模型的卡方值为 275，显著水平为 0.33，不能拒绝原假设，模型的拟合度良好。

进一步对式（4-2）进行回归检验，得到败诉率的回归结果见表 4-3。为了避免多重共线性，在进行 Logistic 回归分析时，专利类型变量仅选取发明和实用新型，地区变量仅选取东部和中部变量。表 4-3 第二列表示采用稳健性标准误差得到的 Logistic 回归结果，第三列表示采用逐步回归法得到的结果。可以看出，采用两种方法得到的变量显著性分析结果变化不大，表明模型设定、变量选择以及实证分析结果可靠。

表 4-3　败诉率的回归结果

变量	普通线性回归结果	逐步线性回归结果
$type1$	−1.669（0.839）*	−1.684（0.804）**
$type2$	−1.395（0.818）*	−1.460（0.776）*
$times$	−0.012（0.049）	
$claims$	0.043（0.017）**	0.042（0.022）*
IPC	0.056（0.134）	
$agency$	−0.26（0.309）	
$planno$	0.134（0.373）	
$applicant$	−1.029（0.344）***	−0.862（0.321）***
$defendno$	−0.122（0.167）	
$court$	0.711（0.324）**	0.746（0.811）**
$region\text{-}e$	−0.219（0.37）	

续表

变量	普通线性回归结果	逐步线性回归结果
region-m	0.315（0.425）	
year	0.011（0.106）	
常量	2.766（0.915）＊＊＊	2.336（0.811）＊＊＊
No.	285	285

注：括号中的值为标准误差。＊、＊＊、＊＊＊分别表示在10%、5%、1%水平上显著。

采用逐步线性回归的结果分析如下：

（1）发明与侵权人败诉率呈负相关，并且在5%水平上显著。实用新型与侵权人败诉率呈负相关，并且在10%水平上显著。从相关系数看，对于发明专利，侵权人败诉率最低（对比外观设计专利，败诉率低1.684），实用新型专利的侵权人败诉率居中（对比外观设计专利，败诉率低1.460），外观设计专利的侵权人败诉率最高。通过研究专利诉讼判决文书，发现造成这一结果的原因如下：通常发明专利的模仿者是有一定研发能力的大企业，会对发明专利进行改进，从而避开原有的专利；涉诉的实用新型、外观设计专利，大部分集中在玻璃制品、玩具等产业，创造度不高，容易被中小企业、个体工商户模仿，这些中小企业、个体工商户往往研发能力较差、法律意识淡薄，但制造能力强，大多会采用"模仿和侵权"的专利战略进入该行业。因此从统计的角度来看，发明专利的侵权人败诉率低。外观设计专利和实用新型专利的侵权人败诉率高。

（2）权利要求数与侵权人败诉率呈正相关，并且在10%水平上显著。从相关系数看，权利要求数每增加1，侵权人败诉率增加0.042。这表明：在诉讼中，对于技术范围明确的专利，侵权人败诉率高。通过研究专利诉讼判决文书，发现造成这一结果的原因如下：由于权利要求数量多的专利公开的技术细节多，技术范围更明确，因此更容易被模仿。我国大部分专利侵权人是以完全模仿原专利的方式侵权，在这种情况下，权利要求数较多的专利，侵权人败诉率较大。

（3）原告的类别（企业还是个人）与侵权人败诉率呈负相关，并且在1%水平上显著。从相关系数看，如果原告是个人，则侵权人败诉率低0.862。造成这一结果的原因如下：通常来讲，相比个人，企业拥有更雄厚的财力，其开发的技术应用性更广、创造度更高、被替代性更低，并且企业原告的举证能力也更强，侵权人败诉率也更高。

（4）案件的审级（一审或者二审）与侵权人败诉率呈正相关，并且在5%水平上显著。从相关系数看，侵权人的败诉率一审比二审高0.746，二审法院对部分一审侵权人败诉的案件进行了改判，使侵权人的败诉率降低。

（5）侵权时间、技术领域、专利撰写、原告人数、被告人数、诉讼地区、诉讼年份对侵权人败诉率没有显著影响。对于"侵权时间"变量而言，专利从被授权到诉讼的时间长短不是侵权人败诉率的影响因素。对于"技术领域"而言，每个 IPC 分类号所代表的具体技术领域不同，侵权人面临的被起诉判赔的概率不同，但仅从 IPC 分类数量的角度来看，技术领域对侵权人被起诉判赔的概率没有显著影响。对于"专利撰写（是否由专利代理机构撰写专利）"而言，是否由专利代理机构撰写专利对侵权人败诉率没有显著影响。对于"原告人数、被告人数"而言，原告人数、被告人数不是影响侵权人败诉率的因素。对于"诉讼地区、诉讼年份"而言，不同地区、不同年份的侵权人败诉率没有显著区别。

4.2.3　赔偿额的实证分析

进一步对式（4-2）进行回归检验，得到赔偿额的线性回归结果见

表4-4。为了消除量纲的影响以及让方差恒定，将所有变量进行对数变换。为了避免多重共线性，对专利类型变量进行回归时，只选择发明与实用新型变量，对地区变量进行回归时，只选择东部地区与中部地区变量。表4-4中的第二列表示采用稳健性标准误差得到的普通线性回归结果，第三列表示采用逐步回归法得到的结果。可以看出，采用两种方法得到的变量显著性分析结果完全一致，表明模型设定、变量选择以及实证分析结果可靠。

表 4-4　赔偿额的线性回归结果

变量	普通线性回归结果	逐步线性回归结果
$TY1$	0.417（0.123）***	0.434（0.114）***
$TY2$	0.269（0.096）***	0.267（0.092）***
$\ln TI$	0.053（0.0838）	
$\ln BE$	0.529（0.109）***	0.518（0.091）***
$\ln IN$	−0.1（0.096）	
$\ln AS$	0.556（0.041）***	0.554（0.04）***
CO	−0.275（0.169）	
EN	0.002（0.002）	
LA	0.617（0.141）	
$REGION-e$	0.335（0.116）***	0.351（0.087）***
$REGION-m$	−0.029（0.134）	
$YEAR$	0.053（0.029）*	0.054（0.04）*
常量	−106.48（58.7）*	−110.43（50.619）**
R^2	0.534	0.531
No.	432	432

注：括号中的值为标准误差。*、**、***分别表示在10%、5%、1%水平上显著。

采用逐步线性回归的结果分析如下：

（1）发明与赔偿额呈正相关，并且在 1% 水平上显著。实用新型与赔偿额呈正相关，并且在 1% 水平上显著。从相关系数看，涉诉专利是发明，相比外观设计，赔偿额高 0.434%（该结果是由方程两边取对数得到的，所以为百分数，后同）。涉诉专利是实用新型，相比外观设计，赔偿额高 0.267%。得到这一结果的原因如下：法院在判决赔偿额时考虑了专利的创新度，给予的平均赔偿额是发明>实用新型>外观设计。

（2）侵权行为数量与赔偿额呈正相关，并且在 1% 水平上显著。从相关系数看，侵权行为数量每增加 1%，赔偿额增加 0.518%。得到这一结果的原因如下：在诉讼中，侵权行为数量多，表明侵权的范围广、侵权的结果恶劣，专利权人受到的损害大，因此赔偿额较多。

（3）请求赔偿额与赔偿额呈正相关，并且在 1% 水平上显著。从相关系数看，如果请求赔偿额每增加 1%，则赔偿额增加 0.554%。得到这一结果的原因如下：一般来讲，原告方专利的质量和举证充分度越高，预期的赔偿额越高。因此，从统计的角度来看，请求法院判决赔偿的数额越高，实际赔偿额越高。

（4）东部地区与赔偿额呈正相关，并且在 1% 水平上显著。从相关系数看，相比西部地区，东部地区的赔偿额均值高 0.351%，得到这一结果的原因如下：由于我国的地区经济发展不均衡，东部地区的经济、科技水平较为发达，赔偿额均值也相应较高。从统计的角度来看，东部地区的专利权人得到了比其他地区专利权人更多的赔偿。

（5）诉讼年份与赔偿额呈正相关，并且在 10% 水平上显著。从相关系数看，每年赔偿额均值增加 0.054%，得到这一结果的原因如下：在我国专利保护力度不断加强的情况下，各法院每年的赔偿数额均值不断上升。但从回归系数看，赔偿额增长缓慢，在我国居民消费价格指数（CPI）不断提高的情况下，专利权人为诉讼支出的费用在增加，赔偿额均值增长缓慢不利于专利的有效保护。

（6）侵权时间、被告人数、原告的国籍、原告的类别（企业还是个人）、《专利法》修改对赔偿额没有显著影响。对于"侵权时间、被告人数"而言，侵权时间、被告人数对赔偿额没有显著影响，法院判决赔偿额时没有考虑这两类因素。原告的国籍对赔偿额没有显著影响，法院判决赔偿额时对中国和外国国籍的原告一视同仁。原告的类别（企业还是个人）对赔偿额没有显著影响。《专利法》修改对赔偿额没有显著影响，虽然《专利法》修改提高了法定赔偿额上下限，但由于大部分涉诉的专利都是外观设计，专利质量不高，因此法官判决赔偿额的均值并没有显著提高。

4.3　结论与建议

综合以上实证研究结果，得到如下结论：

（1）专利类型与败诉率、赔偿额具有显著的相关性。对于发明专利，侵权人败诉率最低，但赔偿额最多；实用新型专利的侵权人败诉率居中，赔偿额居中；外观设计专利的侵权人败诉率最高，但赔偿额最低。因此，专利诉讼风险分析需综合考虑专利类型对败诉率、赔偿额的影响。

（2）涉诉专利的权利要求数、案件的审级（一审或二审）、原告类别（企业还是个人）与败诉率具有显著的相关性。涉诉专利的权利要求数越多，侵权人的败诉率越高。案件的审级越高，侵权人的败诉率越低。相比原告为个人的情况，原告为企业时，侵权人的败诉率较高。专利诉讼风险分析需考虑涉诉专利的权利要求数、案件的审级、原告类别的影响。

（3）侵权行为数量、请求赔偿额、诉讼地区、诉讼年份与赔偿额具有显著的相关性。侵权行为数量越多，赔偿额越高。原告的请求赔偿额越高，实际赔偿额越高。东部地区的赔偿额均值显著高于中、西部地区的赔偿额均值。诉讼年份越晚，赔偿额越高。专利诉讼风险分析需考虑涉诉专利的侵权行为数量、请求赔偿额、诉讼地区、诉讼年份的影响。

基于以上研究结果，从企业层面和政府层面提出如下建议：

（1）对于先期进入行业的大企业，应加大发明专利的研发力度，建立专利技术网络，以维持企业的核心竞争力；对于后进入行业的中小企业，早期应该加强实用新型和外观设计的专利申请，并随着企业的技术和实力发展加强发明专利的申请。从政府层面来看，可针对不同类型的专利，发布不同的法定赔偿额标准，从法律上进一步明晰专利质量与赔偿额的一致性，引导企业更多地采用自主创新的专利战略。

（2）对于先期进入行业的大企业，应该进一步提高专利撰写质量，使专利覆盖更多的技术点，以防专利被无效掉。对于后进入行业的中小企业，如被起诉专利侵权，可以启用"专利无效程序"，使涉诉专利无效。如一审败诉，在综合考虑诉讼费用与时间成本的情况下，可使用"上诉"的诉讼策略来降低败诉率。从政府层面来看，可以建立专利诉讼风险分析系统，协助诉讼双方预估专利诉讼风险，促使部分案件的诉讼各方达成庭外和解，减轻司法系统的负担，提高司法系统的效率。

（3）对于先期进入行业的大企业，应该加强赔偿额的举证力度，请求高赔偿额，如果侵权发生地在东部，应该选择东部地区法院诉讼以获得更高的赔偿额。对于后进入行业的中小企业，如被判定侵权，只要专利许可费用与赔偿额均值相当，可以采用"和解"策略与原告达成许可协议。从政府层面来看，可以发布《专利侵权赔偿额举证指南》，指导企业有效举证，提高司法系统的效率。

第 5 章 ▶

专利诉讼对"专利钓饵"
专利决策行为影响的实证研究

专利钓饵是美国学者对专利经营公司的一种戏谑称呼。专利钓饵公司往往没有实际的生产能力，它们研发或收购专利，隐藏在暗处并默许其他企业使用其拥有的专利，等待含有这些专利的产品上市后，提起专利诉讼，利用潜在的法律制裁可能性作为讨价还价的工具，强迫侵权公司接受专利许可并索取远超过专利价值的专利许可费用，或者直接获取高额的损害赔偿金。专利钓饵频繁的诉讼给美国本土的企业造成了困扰并严重危害了创新。近年来，专利钓饵正积极地向其他国家拓展业务。2008 年，著名的专利钓饵公司"高智发明"正式进入我国，意图与我国专利申请量排名前 20 位的高校合作, 大规模、重点收购信息技术、生物医疗和材料科学等领域的专利技术。虽然大部分的专利钓饵公司在我国还处于收购专利的"布局"阶段, 暂时没有诉讼行为, 但如果不及时做好防范与应对, 一旦专利钓饵开始大规模、频繁地诉讼, 必然会给我国专利制度带来巨大的冲击, 给我国企业带来巨大的损失。因此, 研究专利钓饵对我国专利制度的影响及其相应的防范措施具有重要意义。

专利钓饵的形成、发展离不开专利制度的土壤。首先, 审查制度导致大量的问题专利产生, 为专利钓饵提供了诉讼储备。Jensen 等 (2006) 抽取 1990—1995 年在欧洲、日本和美国都提出了申请的 7 万项专利进行调查, 结果显示欧洲专利局及日本专利厅的平均授权量为 37.7%, 美国专利商标局的授权量却高达 95%~97%, 主要是因为过低的专利授权标准使不少无效或者在别国不可能得到授权的专利在美国生效。Ailison 和 Lemley (2002) 发现专利审查中现有信息不足、专利激增导致审查员用时过少催生了大量问题专利, 为专利钓饵提供了丰富的专利资源。专利钓饵通常会选择具有较宽的保护范围、容易被忽视、处于较密集专利丛林中的专利, 这类专利容易被侵权、不容易被无效掉、替代成本较高。

其次, 诉讼制度为专利钓饵提供了议价能力。曹勇和黄颖 (2012) 认为专利钓饵主要采用了三种有效的诉讼策略: 一是基于禁令的策略 (Injunction-based), 二是基于损害赔偿的策略 (Damage-based), 三是基于转换成本的策略 (Switching Cost-based)。以上诉讼策略的成功运用, 主要是因为禁令与损害赔偿制度为专利钓饵提供了谈判筹码: 禁令的颁布会中止产品的上市和销售, 使企业不得不考虑沉没成本与技术转换成本, 在侵权专利只占产品的一小部分、侵权产品利润很高的情形下, 禁令会使企业遭受重大损失, 这会迫使企业选择与专利钓饵和解,并接受价格较高的专利许可费；Schaerr 和 Loshin（2011）报告发现被告的和解费平均为 50 万美元，若坚持应诉，则有 29% 的败诉可能，败诉后平均高达 1200 万美元的侵权损害赔偿金往往使被告愿意和解。侵权损害赔偿额很高是由于专利钓饵通常会选择适用"合理许可费规则"计算赔偿，这一费率的均值高达侵权产品价格的 13.3%（一般的专利许可谈判中这一比例仅为 6.7%）。所以，侵权损害赔偿计算方式以及巨额的赔偿金使专利钓饵的谈判能力有所提高。

综上所述，专利钓饵产生的动因主要有两个：一是专利审查制度的不完善，以及由于海量专利申请导致审查工作的困难形成大量的问题专利，为专利钓饵提供了丰富的专利资源。二是诉讼制度（侵权损害赔偿制度以及永久性禁令）赋予了专利钓饵很大的谈判筹码，使它的诉讼盈利模式成为可能。因此，本章研究专利钓饵对我国专利制度的影响，也可以从这两方面展开。本章首先通过文献回顾了专利钓饵的制度成因，然后分析了美国对专利钓饵的防范措施，接着研究了我国专利制度中可能被专利钓饵利用的"漏洞"，最后结合我国专利制度的特点，并借鉴美国对专利钓饵的防范措施，给出了启示和建议，为降低专利钓饵带来的风险和减少损失提供参考。

5.1　专利钓饵的影响及美国的防范措施

专利钓饵有正负两方面影响：Gregory（2007）认为专利钓饵向企业发起诉讼，索要的专利许可费往往超过普通谈判达成的专利许可费的四倍，会严重挫伤企业的创新积极性。Reitzig 等（2007）、Raghu 等

（2007）认为专利钓饵对社会未做出任何实质性的生产贡献，但对生产型企业的创新造成了损害。也有学者发现专利钓饵对专利交易有积极影响。McDonough（2006）认为专利钓饵可以视作一种"专利经销商"（Patent Dealer），它鼓励了专利交易，扫除了技术市场中的问题专利，加快了专利的流动，重新调整了市场参与者的激励机制，使市场达到"出清"（Clear）。Watanabe（2009）认为专利诉讼推动了"专利许可企业"（Patent Licensing Firms）的发展，在一定程度上解决了专利市场失灵的问题。

美国对专利钓饵的防范措施主要有：①法律规制措施。鲁灿和詹锐（2009）认为，在 MercExchange 诉 eBay 案件中，由于美国最高法院判决考虑到 MercExchange 一直未使用专利，并且申请专利只是为了起诉，所以没有颁布永久性禁令。这是一种对社会公共利益的考虑。在此之前，一旦专利侵权被确定，法院就会"近乎全自动地"（Virtually Automatic）颁布永久性禁令。此案之后，专利钓饵的议价能力被削弱。②市场自发应对措施。美国政府受到"亲专利人"（Pro-patent）政策的影响，较少对专利钓饵进行直接干预，并且由于美国长期以来注重对专利交易市场的培育，所以企业、市场在面临专利钓饵的诉讼时，可以迅速、自发地应对。据 Millien 和 Laurie（2007）的调查发现，在美国约有17 种不同性质的专利中介为市场中的专利交易方提供服务，其中有国家创办的中介，也有私人设立的中介。它们的服务种类多样，如有专利许可、专利经纪、投融资、专利拍卖、专利钓饵的防范等，方便专利权人在市场中购买专利与服务，防范专利钓饵。有些企业开始购买专利只是为了防范专利钓饵，后来也利用手中的专利进行许可和诉讼，企业的专利战略也由防守型转变为攻守兼备型。Wang（2010）将专门防范专利钓饵的经营公司称为防范性专利积累方（Defensive Patent Aggregator），它们专门收购专利以便形成"保护盾"（Defensive Shield）抵御攻击性专利积累方（Offensive Patent Aggregator）的诉讼侵袭，如安联信托（Allied Securing Trust）成立的目的就是抢在专利钓饵之前买下专利，防止专利钓饵提起诉讼。

因此，专利钓饵的影响包括正负两个方面，既有损害创新等不利影响，又有加速专利交易等有利影响。对于专利钓饵的负面影响，美国通过加强相应的法律规制措施进行防范，并通过完善专利交易市场进行疏导，美国的防范措施在一定程度上起到了防范专利钓饵、推动企业与专利市场发展的作用。我国可以根据国情，借鉴美国对专利钓饵的应对措施，一方面加强相应的法律规制措施进行防范，另一方面通过完善专利交易市场进行疏导。

5.2　我国专利诉讼对专利钓饵议价行为的影响

5.2.1　样本选取

专利钓饵主要是利用专利侵权损害赔偿制度、停止侵权制度来提高议价能力。为了调查专利钓饵在我国的议价能力，本章搜集了 2005—2010 年我国人民法院受理的一审、二审专利民事侵权诉讼案件，对赔偿额进行分析。为了研究的需要，再按照以下标准筛选案件：剔除掉专利权人胜诉或调解成功但没有获得赔偿的案件；剔除掉一审案件而采用二审案件结果做统计，避免重复计算案件。

5.2.2 赔偿金额与专利钓饵的议价能力

一般来说，法院判决的专利侵权损害赔偿金的高低直接影响专利钓饵在诉讼和解中取得的收益。如果侵权人预期法院判决的专利侵权损害赔偿金较高，并且侵权人败诉的概率很高，则侵权人会愿意与专利钓饵进行诉讼和解谈判，以较高价格（高于普通的专利许可价格而低于法院判决的专利侵权损害赔偿金额）购买专利钓饵的专利许可。因此，有必要研究我国法院判决侵权人败诉的概率、专利侵权损害赔偿金额水平对专利钓饵议价能力的影响。

根据调查，我国侵权人败诉的概率高达 76.1%，远高于美国（美国侵权人败诉的概率为 29%），所以，如果法院判决的专利侵权损害赔偿金额远远高于诉讼和解费用，侵权人就可能在和解谈判中以较高的价格接受专利钓饵的专利许可，甚至专利钓饵可能不愿意与侵权人和解，而是直接取得法院判决的高额赔偿金。因此，有必要比较法院判决的专利侵权损害赔偿金额与诉讼和解费用的差异。由于我国法院主持调解案件的赔偿金额是在双方当事人自愿协商、谈判后确定的，可以视为诉讼和解费用。表 5-1 比较了法院判决的赔偿金额与诉讼和解赔偿金额的均值差异，判决赔偿金额的均值是 8.376 万元，诉讼和解赔偿金额的均值为 7.018 万元，可以看出两者的差异不大。进一步采用独立样本 t 检验法检验两者的差异度。除去两个 500 万元和 3000 万元的极端值，检验结果见表 5-2，Levene's 方差齐性检验 P 值（Sig.）大于 0.05，说明两个样本所在总体的方差是齐的，所以使用方差齐时的 t 检验结果，$t=1.090$，$df=673$，$P=0.276$，在 5% 的水平下没有通过检验。表 5-2 的检验结果表明：法院判决的赔偿金额与诉讼和解的赔偿金额趋于一致，这说明目前我国判决的专利侵权赔偿金额普遍不太高。因此，从赔偿金额这个角度上分析，专利钓饵在我国获取法院判决的赔偿金额与和解达成的赔偿金额平均水平大致相当，那么专利钓饵很难利用它的议价能力在我国目前的专利制度下获取较大利润。尽管如此，一方面，随着我国专利保护力度的加强，专利侵权赔偿金额总体会呈上升趋势，这会提升专利钓饵的利润水平。另一方面，由于专利钓饵公司的专业性，它们的取证和举证能力很强，可能会获取远高于平均水平的赔偿额，这也会给专利钓饵提供很大的盈利空间。

表 5-1 判决赔偿金额与诉讼和解赔偿金额的分组描述

分组	样本数	均值/万元	标准差	均值的标准误差
判决赔偿金额	552	8.376	13.052	0.557
诉讼和解赔偿金额	125	7.018	10.201	0.912

表 5-2 t 检验结果

方差齐性	Levene's F 值	Levene's P 值 （Sig.）	t	自由度 （df）	P 值 （Sig.）	均值差值	标准误差值
方差齐	0.415	0.519	1.090	673	0.276	1.358	1.246
方差不齐			1.271	226.359	0.205	1.358	1.069

5.2.3 赔偿计算方式与专利钓饵的议价能力

我国《专利法》的赔偿计算方式有四种。其中前三种分别按照专利权人所受损失、侵权人所获利润、合理专利许可费率进行计算。其赔偿额的确定依赖于专利权人的举证。当专利权人在前三种情况下举证失败时，采用第四种计算方式计算赔偿额——由人民法院根据"专利权的类型、侵权行为的性质和情节等因素"，酌情适用法定赔偿。

专利钓饵会利用哪种赔偿计算方式获得较高的赔偿呢? 对于第一种计算方式, 专利权人所受损失=因侵权产品的销售导致专利权人销售减少的件数 × 单价, 专利钓饵不进行实际生产, 就不能按照专利权人所受损失计算赔偿。对于第二种计算方式, 侵权人所获利润=侵权人销售的侵权产品件数 × 单价, 专利钓饵可以采用这种方式。对于第三种计算方式, 合理专利许可费率是按合理专利许可费的 1~3 倍计算。适用此规则要求专利权人可以证明其专利已经许可使用, 并且还要证明被许可方已经支付了许可费。如果专利钓饵隐藏专利不进行许可, 也不能适用此规则计算赔偿额。对于第四种计算方式, 由人民法院判定的法定赔偿额一般来说比较低, 被专利钓饵利用的可能性很小。所以, 专利钓饵最有可能利用的赔偿计算规则是"侵权人所获利润"规则。

表 5-3 为三种赔偿计算方式的案件数及相应的最高赔偿额 (样本中没有采用"所受损失"作为计算方式的案例), 以侵权人所获利润计算赔偿的案件有 3 件, 以专利许可费率计算赔偿的案件有 3 件, 剩余案件都适用了"法定赔偿"规则。法定赔偿额通常不高, 在 2009 年修订的《专利法》颁布之前最高赔偿额为 50 万元, 颁布之后最高赔偿额为 100 万元。法定赔偿大规模适用是因为我国专利权人举证不力, 如企业经营不规范、市场培育不成熟, 表现在: 专利权人缺乏知识产权维权的意识, 不注意保存各类经营单据, 甚至为了偷税、漏税故意造假账导致证据链不完整。

表 5-3　三种赔偿计算方式的案件数及相应的最高赔偿额

赔偿计算方式	件数	最高赔偿额
侵权人所获利润	3	3000 万元
专利许可费率	3	500 万元
法定赔偿	546	50 万元

在表 5-3 中最高赔偿额的案件为（2008）陕民三终字第 18 号案件，专利权人获得 3000 万元的巨额赔偿。该案件中，专利权人向法院申请由专业的评估机构评估损失，最后按照侵权人的营业利润计算了赔偿额。该案件说明，在举证充分的情况下，采用所获利润规则计算赔偿额，专利权人可以获得数额巨大的赔偿。由于专利钓饵主要是以诉讼获利，一定会投入大量的物力、人力进行取证和举证，不会出现我国专利权人那样举证不力的情况，所以在实际诉讼中，专利钓饵完全可能利用我国的 "侵权人所获利润" 规则获取巨额赔偿。

5.2.4　停止侵权与专利钓饵的议价能力

我国的 "停止侵权" 制度类似于美国的 "永久性禁令"，可以中止侵权产品的上市和销售。根据调查统计，专利权人胜诉的 552 件案件中，只有 5 件没有适用停止侵权，主要是出于对公共利益的考虑，如自来水厂的供水设备涉及专利侵权，不适用停止侵权。除此之外，停止侵权也是 "近乎全自动" 适用。这会使专利钓饵的议价能力大大提高。如果该项侵权技术是企业的主打产品，或者企业已经为产品的上市投入了大量成本，或者产品已经上市，或者寻找与开发替代技术的周期长、成本高，侵权企业就可能会因为停止侵权的威胁而接受专利钓饵的许可协议，从而使专利钓饵的议价能力提高。

可以说，我国停止侵权的适用比起美国 "永久性禁令" 的适用更加 "近乎全自动"，在美国，停止侵权的禁令颁布必须根据 "四要素检验法" 确定，即原告必须证明：原告已经遭受不可挽回的损害；法律上的其他救济方式（如金钱损害赔偿）无法适当地补偿此损害；在考虑原被告双方的利弊得失比较下，此项禁令的颁布是有正当理由的；永久性禁令的颁发不会对公众利益造成危害。我国停止侵权的适用标准只有一条，即是否损害公共利益。

可见，我国停止侵权制度的适用标准还不完善，这给了专利钓饵更大的谈判筹码。对于我国生产型企业，在产品的上市或销售过程中，一旦遭到专利钓饵的诉讼，为了避免因停止侵权而造成的更大经济损失，会以较高的价格购买专利钓饵的专利许可。为了防范专利钓饵对我国生产型企业造成的不良影响，须进一步完善我国停止侵权制度的适用标准。

5.3 我国专利资源对专利钓饵的专利购买行为的影响

5.3.1 专利钓饵与我国的专利资源

专利钓饵收购专利、储备诉讼资源是其业务得以开展的重要环节。近年来，我国的专利申请量已居世界第一，其中大量的问题专利已经引发了大规模的侵权诉讼。表5-4为1996—2006年专利申请量和侵权案件量的变化。我国的专利资源丰富，专利数量逐年上升，其中的问题专利很可能会在专利钓饵手中变废为宝，成为"诱饵"。

表 5-4　1996—2006 年专利申请量和侵权案件量

年份	专利申请量/件	专利侵权诉讼量/件
1996	83026	4139
1997	90071	3817
1998	96233	4275
1999	109958	4522
2000	170682	5148
2001	203573	5724
2002	252631	6888
2003	308487	7773
2004	353807	10236
2005	476264	17566
2006	573178	17892

注：根据国家知识产权局网站与《知识产权保护白皮书》中的统计数据整理。

表 5-5 是本章调查的不同专利类型专利权人的胜诉情况，可以看出专利权人的胜诉率普遍很高，其中发明专利权人胜诉率高达 71.5%，实用新型专利权人的胜诉率为 67.5%，外观设计专利权人胜诉率最高，为80.4%，这在一定程度上说明我国侵权状况很普遍。

表 5-5　不同类型专利权人的胜诉情况

变量	观测数	胜诉率
发明	123	71.5%
实用新型	209	67.5%
外观设计	383	80.4%

由于发明专利对创造性的要求高，研发成本高，往往是大企业持有。在被诉侵权后，研发新的替代技术的成本很高，如果停止侵权，可能会对企业造成较大的损失，所以，发明很可能成为专利钓饵攻击大型

企业、获得超额许可费的选择。

一部分实用新型（俗称"小发明"）和外观设计专利制造简单、改良容易、成本低，有很好的市场利润，是很多中小企业模仿与改良的首选。实用新型与外观设计专利授权时没有经过实质性审查，所以存在"问题"的可能性比发明专利更大，这部分实用新型与外观设计专利也有可能被专利钓饵盯上，成为专利钓饵攻击中小企业、获得超额许可费的选择。

因此，一方面，我国应该进一步完善专利审查制度，对于发明专利，应严格审查权利要求范围，避免权利边界模糊或者过大的发明专利授权。对于实用新型专利与外观设计专利，应逐步提高审查标准，避免此类专利的泛滥，给专利钓饵提供利用资源。另一方面，对于我国大型企业，应该针对核心技术进行专利储备（及时申请或购买相关专利），以防专利钓饵的敲诈。对于小型企业，应该重视技术积累，进行"微创新"，并随着企业的成长及时申请或购买相关专利。

5.3.2　专利钓饵与我国的专利交易市场

我国专利制度建立较晚，所以专利交易市场在 20 世纪 90 年代才逐渐形成。据 2011 年《全国技术市场统计年度报告》显示：2011 年，全国有 126268 项涉及知识产权的技术成功进入市场交易，成交金额 2320 亿元，其中，专利交易仅占 284 亿元。可见，与其他的知识产权交易相比，我国的专利交易额较少，专利交易不活跃。很多学者认为我国专利交易中介不发达是造成这种现象的重要原因之一。据统计，截至 2001

年年底，我国科技中介❶的数量已经超过了 6 万家，但是我国大多数科技中介存在法律地位模糊、信誉差、服务种类单一等问题。其中，官办、半官办的科技中介依附于政府、高校等事业单位，它们的独立性差，服务效率低，而完全市场化运营的中介又存在信誉较差的问题。另外，我国中介普遍规模小、资金少，导致它们服务种类单一，专业人才缺乏。

　　表 5-6 中第一列是对我国 76 家国家级科技中介的服务项目名称的统计，其中，提供最多的三个服务项目为：技术代理与转让、信息媒介服务、科技咨询，分别有 72%、62%、59% 的中介机构提供此类服务。其次为培训、技术评估与论证、技术集成与创新、组织和承办交流与合作等。提供最少的一个服务项目为技术纠纷司法鉴定，仅有 6% 的中介提供该项服务。我国国家级的科技中介是专利交易的主渠道，但从表中可以看出，与专利交易相关的服务项目只有技术代理与转让、技术评估与论证、信息媒介服务三项。表 5-6 第二列是对美国科技中介的服务项目名称的统计，可以看出，美国的中介特别侧重于专利的交易与专利的转化两个方面的服务，仅与专利交易有关的服务项目就有六七项。在对付专利钓饵方面，也有专门的防范性专利积累公司。美国中介的定位与功能比较清楚，它们往往只侧重提供一种专业化的服务，大多数的中介都是全市场化运营，并采用公司制。从表 5-6 可看出，相比美国的科技中介，我国科技中介提供的服务项目总体偏少，而且大多数的服务项目在促进专利交易与对付专利钓饵两方面没有帮助。

---

　　❶　科技中介包括专利交易中介，科技中介服务的范围比专利交易中介广，它还可以推动非专利技术的转化。

表 5-6　我国国家级中介与美国中介的服务项目的名称统计

我国国家级中介的服务项目		美国中介的服务项目		
技术集成与创新	投融资服务	专利许可和执行	专利经纪	技术转移
委托开发	经营策划	机构性的专利积聚	知识产权并购的咨询	知识产权交易
技术代理与转让	培训	知识产权并购	知识产权拍卖	防范性专利积累
技术评估与论证	技术纠纷司法鉴定	知识产权/技术转化	知识产权/技术在线交易	专利股票指数
信息媒介服务	组织和承办交流与合作	许可代理	知识产权抵押融资	专利/技术拆借融资
科技咨询	协助项目申报	诉讼、融资、投资	许可收益证券化	专利分析软件

可见，我国专利交易市场还不成熟，主要表现为：市场中总的专利交易额很小、专利中介体系不完善等。由于我国专利交易市场的不完善，导致我国企业的专利交易不畅，不利于企业对专利钓饵的直接防范。另外，由于我国专利交易市场中没有提供防范专利钓饵服务的中介，使得企业对于专利钓饵的防范处于孤立无援的被动状态。因此，为了更好地发挥专利交易市场对专利钓饵的防范作用，必须加强我国专利交易市场的建设。

5.4　启示与建议

从专利钓饵的影响与美国的防范措施来看，专利钓饵是一把双刃剑：虽然专利钓饵对企业的创新产生了一定的负面影响，并使一些企业遭受重创，但它也会推动专利交易。因此，专利钓饵的出现既是一种挑战又是一种机遇。与其一味地堵截专利钓饵在我国的出现，不如善加疏导、利用，抑制专利钓饵的负面影响并使其发挥正面作用。由于美国长期以来都注重对专利市场的培育，所以，在遭遇与专利钓饵的诉讼战时，企业可以便利地从专利市场中获得用于防范的专利资源和诉讼服务。与美国相比，我国的专利交易不活跃，专利交易中介体系还不完善，要想通过专利交易市场疏导专利钓饵带来的负面影响，还需要进一步加强专利交易市场的建设。

从我国专利制度运行现状来看，专利钓饵在我国有较大的发展空间：我国专利资源为专利钓饵提供了丰富的专利储备资源；我国技术创新总体水平不高，有不少企业侵权现象严重，因此专利钓饵的潜在起诉对象众多。专利钓饵在我国甚至不需要长期隐藏专利，等待自己的专利"被侵权"（Being Infringed），就可以发起诉讼。虽然我国法院判决的专利侵权损害赔偿额平均水平不高，但对于专利钓饵这样靠诉讼获利的公司来讲，一定会花费大量的精力进行取证、举证，从而以"侵权人所获利润"规则计算赔偿额，获得远超过平均水平的巨额赔偿金；停止侵权的适用"近乎全自动"，这是专利钓饵握有的最有力的制度武器，只要隐藏专利，等待侵权人投入大量成本以及产品上市后再提起诉讼，就会握有有利的谈判筹码，迫使侵权人接受较高的专利许可费。可以采取以下措施防范专利钓饵：

（1）加强信息技术、生物医疗和材料科学等行业的专利审查。我国国家知识产权局可以针对专利钓饵布局的行业，加大审查力度，尽量减少问题专利，防止其被专利钓饵利用。一方面，对于专利保护范围过于宽泛的发明专利要谨慎授权；另一方面，应逐步提高实用新型与外观设计的授权标准，控制和减少这两类专利的泛滥。此外，还应建立诉讼风险预警机制，定时对相关行业的专利布局、技术发展态势进行分析，对行业可能面临的诉讼风险发出警报，提醒行业做好应对的准备。

（2）完善专利诉讼制度。我国的停止侵权的适用标准还不完善，可能会被专利钓饵利用，从而造成企业较大的经济损失。因此，可参照美国"四要素检验法"对停止侵权的适用进行一定的限制，使停止侵权的适用标准更加合理。

（3）完善我国专利交易市场。在国家级科技中介机构中专门设立防范专利钓饵的服务项目，并进一步对专利交易服务进行细分，如可以分为专利资产评价、专利经纪、谈判等服务板块。实施服务外包，吸纳民间优质的专利交易中介加盟，承包具体板块的工作，并由国家级中介对其实施监督，利用这些民间优质的专利交易中介提供的服务，促进专利交易的发展。

（4）加强自主创新，掌握产品的核心技术。对于大型企业，应该针对核心技术进行专利储备，以防专利钓饵的敲诈。对于小型企业，应该重视技术积累，并随着企业的成长及时申请或购买相关专利。此外，企业间可以组建联盟，一方面，进行广泛的交叉许可，避免专利钓饵的诉讼；另一方面，在某一企业遭遇专利钓饵后，可以获得其他联盟成员对类似专利的许可，在诉讼中举证自己没有侵权，如果还能获得反诉专利钓饵的专利，就会获得更有利的诉讼地位。

第 6 章

专利司法保护强度的影响因素研究

通过专利司法保护对企业专利决策行为影响机理的研究发现：专利授权许可费用、专利侵权损害赔偿额、专利研发费用、技术已经被其他企业申请专利的概率、存在专利而检索不到的概率、在存在专利而检索不到的情况下采用该技术被起诉判赔的概率、检索费用是影响企业专利决策行为的重要因素，其中，专利侵权损害赔偿额、采用该技术被起诉判赔的概率是影响专利司法保护强度的两个重要因素。

鉴于专利侵权损害赔偿额直接受到专利侵权损害制度的影响，采用专利技术被起诉判赔的概率直接受到专利侵权判定制度的影响，此外，在美国等发达国家的专利侵权诉讼中，"禁令"可以阻止侵权产品的上市和下架侵权产品，对侵权行为有很强的威慑力。因此，"禁令制度"与"专利侵权损害赔偿制度""专利侵权判定制度"被视为影响美国等发达国家专利司法保护强度的三大重要制度因素。本章重点研究我国专利侵权损害赔偿、专利侵权判定、停止侵权对专利有效保护的问题。

6.1 专利侵权判定对专利保护的有效性分析

6.1.1 专利保护宽度论

专利保护强度可以分为专利保护长度和专利保护宽度两个维度。谈及专利保护，人们首先想到的是专利保护期限，也称为专利保护长度（Patent Length），指对专利保护的时间长度。Nordhaus（1969）首先将专利保护强度等价为保护期限，并指出了最优的专利保护期限不应是无限长，而是应有一定的时间限制。继 Nordhaus 之后，国外学者的相关研究主要集中在专利保护期限的最优设计和专利竞赛上。事实上，现实中基本没有国家会经常性地改变专利保护期限来调整对专利保护的水平，保护期限通常是不变的，因此，以期限为基础的最优专利政策并无多大的实践意义，由此学者开始转向对专利保护宽度的研究。

近 20 年来，利用专利保护宽度这一政策工具研究专利制度的方法受到广泛关注，专利保护宽度（Patent Breadth）也称为专利宽度，或专利范围（Patent Scope）、专利广度（Patent Width），是指对专利保护的范围或程度。从专利保护宽度的定义来看，专利保护宽度从某种程度上可以直接等同于专利保护强度。国外学者自 20 世纪 90 年代以来开始探讨专利保护宽度问题，如 Waterson（1990）发现，专利保护宽度越大，专利持有人的产品空间（Product Space）就越大，竞争者的产品空间就越小。Gilbert 和 Shapiro（1990）发现专利保护宽度越大，专利持有者在单位时间内的利润率越大，专利保护宽度使得专利持有者的垄断力、定价能力不同。Gallini（1992）则认为，专利保护宽度越大，模仿者对现有创新进行非侵权模仿的成本就越高。Wright（1999）认为，专利保护宽度越大，能够进入某行业的潜在的模仿者的数量就越少。刘小鲁（2011）构建了一个包含多项初始专利技术的序贯研发模型，讨论了序贯创新背景下最优专利保护宽度的设计原则，并在此基础上考察了专利保护宽度对创新阻塞的协调机制以及专利联盟的社会福利效应，研究表明：最优的专利保护宽度应当使事后专利许可下初始专利的期望许可价格等于诱使厂商进行初始研发的临界价格。这一专利保护宽度不仅可以为初始创新提供必要的激励，而且可以限制事前许可价格和事后期望许可价格，从而缓解许可收费对后续研发决策的扭曲。唐春（2012）认为由于国内外的创新对一国社会福利的影响不同，对国内外创新的专利保护宽度应该有所区分，对国外创新，可以采取多边最惠国待遇原则下的一体化审查授权制度方案来进行专利保护，同时对国内创新采用本国的专利制度进行保护。以上的研究主要是分析专利保护宽度对专利权人产品利润、竞争优势、创新激励、社会福利等方面的影响，在此基础上得到最优专利保护宽度。从文献中可以看出，最优的专利保护宽度在考虑专利权保护的同时，还需兼顾公共利益的平衡。

　　由于专利本身是一个技术属性、法律属性、经济属性三位一体的概念，因此，专利保护宽度与专利的技术属性、法律属性、经济属性密不可分。有很多学者注意到专利保护宽度与专利司法保护密切相关，并开始利用专利保护宽度研究专利司法制度对专利权人的保护。如 Merges 和 Nelson（1990）对普通法体系下专利保护宽度的确定和实施进行了案例分析，发现专利司法保护影响专利保护宽度的确定，对累积创新的影响较大。Aoki 和 Hu（1999）采用博弈模型分析了专利侵权诉讼制度中专利保护宽度的变化对专利权人许可或诉讼概率的影响，该研究认为专利保护宽度是由专利司法体制决定的。江旭等（2003）研究了惩罚力度与专利保护宽度的关系，即政府对于侵犯专利权行为的打击程度对专利保护宽度的影响，研究发现：对侵权行为的惩罚（包括罚金与量刑）幅度越大，专利保护宽度就越大。寇宗来（2005）从侵权判定方法与专利保护宽度的关系出发，研究了专利侵权诉讼制度对专利保护宽度的影响，他发现专利侵权判定方法中，"等同原则"方法是对以实质相同的方式或者相同的技术手段替换属于专利技术方案中的一个或若干个必要技术特征的侵权情况进行识别，与全面覆盖原则相比，等同原则扩大了专利保护宽度。

还有学者发现专利保护宽度与专利的技术属性密切相关，并利用专利的技术指标来表征和测量专利保护宽度，主要的技术指标包括技术扩散度、IPC 分类号、主副分类号的差异程度等。如 Denicolo（1996）用技术的扩散度来测量专利保护宽度。Lerner（1994）用 IPC 分类号（前四位）的数量来测量专利保护宽度。许珂和陈向东（2010）用副分类号与主分类号的差异程度来测量专利保护宽度，经研究认为专利保护宽度是一个经济属性、技术属性、法律属性三位一体的概念。王玉娟（2011）也采用了主副分类号的差异程度来测量专利保护宽度，经研究发现，专利保护宽度越大，表明通过技术手段控制市场的能力越强，专利的价值也就越大。

可见，学者们对于专利保护宽度的研究主要集中在利用专利保护宽度理论分析不同的专利制度对专利的保护，或者是研究专利审查制度，或者是研究专利司法保护制度；最优的专利保护宽度是由不同国家的经济和产业发展阶段决定的，既要实现对专利权人的保护，又要兼顾公共利益，最优的专利保护宽度不是一成不变的，它是由一系列的动态均衡点组成的曲线。

6.1.2　专利保护宽度的一次界定：法律对授权标准的规定

专利权并不是一种天赋权利，它需要法律的授予和保护。只有符合"三性"要求的技术才可以被授予专利权。2000 年颁布的《专利法》，对"三性"的要求规定是：①新颖性，要求"在申请日以前没有同样的发明或者实用新型在国内外出版物上公开发表过、在国内公开使用过或者以其他方式为公众所知，也没有同样的发明或者实用新型由他人向国务院专利行政部门提出过申请并且记载在申请日以后公布的专利申请文件中"。②创造性，也称为非显而易见性（Non-obviousness），指"同申请日以前已有的技术相比，申请专利的发明有突出的实质性特点和显著进步，该实用新型有实质性特点和进步"。③实用性则要求"发明或者实用新型能够被制造或者实用，并且能够产生积极的效果"。2009 年颁布实施的《专利法》，对于新颖性、创造性的定义有所改变：①新颖性，是指该发明或者实用新型不属于现有技术；也没有任何单位或者个人就同样的发明或者实用新型在申请日以前向国务院专利行政部门提出过申请，并记载在申请日以后公布的专利申请文件或者公告的专利文件中。②创造性，是指与现有技术相比，该发明具有突出的实质性特点和显著的进步，该实用新型具有实质性特点和进步。2009 年的《专利法》提出了"现有技术"的概念，根据 2009 年的《专利法》第二十一条的定义：现有技术，是指申请日以前在国内外为公众所知的技术。与2000 年的《专利法》相比，2009 年的《专利法》关于新颖性和创造性的规定更加抽象，增加了专利行政部门自由确定范围。

关于外观设计，2000 年的《专利法》第二十三条规定，授予专利权的外观设计，应当同申请日以前在国内外出版物上公开发表过或者国内公开使用过的外观设计不相同和不相近似，并不得与他人在先取得的合法权利相冲突。2009 年的《专利法》第二十二条的规定使外观设计专利的授权条件更加具体明确，同时也使对外观设计专利申请的审核更加严格：①授予专利权的外观设计，应当不属于现有设计。也即，授予专利权的外观设计，应当不属于申请日以前在国内外为公众所知的设计。②没有任何单位或者个人就同样的外观设计在申请日以前向国务院专利行政部门提出过申请，并记载在申请日以后公告的专利文件中。③授予专利权的外观设计与现有设计或者现有设计特征的组合相比，应当具有明显区别。④授予专利权的外观设计不得与他人在申请日以前已经取得的合法权利相冲突。对比 2000 年的《专利法》，2009 年的《专利法》关于外观设计的"新颖性"要求由"相对新颖性"变为"绝对新颖性"，并明确规定了外观设计的抵触申请；2009 年的《专利法》还规定"授予专利权的外观设计与现有设计或者现有设计特征的组合相比，应当具有明显区别"，这相当于外观设计的"创造性"条件。鉴于我国专利数量激增态势愈演愈烈，其中大多数是外观设计专利，对外观设计授权标准的限定，可以进一步提高外观设计专利的稳定性，也可以提升外观设计专利的整体水平。2009 年的《专利法》对"不属于申请日以前国内外为公众所知的设计"的条文规定比较抽象。

6.1.3 专利保护宽度一次界定中存在的问题

专利的授权是由审查员来确定专利权的边界，是对专利保护宽度的第一次界定。审查员在确定专利的权利边界时，以专利申请书为依据，在审查中，审查员可能驳回专利权人的申请，也可能让专利权人对某些权利要求做修改，且对发明和实用新型的修改不得超出原说明书和权利要求的记载范围，对外观设计的修改不得超出原图片或者照片的表述范围。专利权人对专利申请书的修改是专利权人与审查员博弈的过程。专利权人希望自己获得尽可能宽的专利保护范围，而审查员必须考虑公共利益，不可能无限放宽专利保护范围。如果对专利权人的专利保护范围过宽，可能会损害后续创新者的积极性，这就违背了专利法的价值目标。因此，专利保护宽度一次界定的实质是平衡专利权人的利益和社会公共利益的过程。

在专利保护宽度一次界定的过程中，由于审查制度存在的问题、审查员工作中存在的问题以及专利本身的特点，会导致某些专利的权利边界过宽或者模糊，从而使社会总福利减少、创新受到阻碍，因此需要对专利保护宽度进行二次界定，以减少不必要的垄断扭曲、避免创新受到阻碍。专利保护宽度一次界定中导致专利的权利边界过宽或者模糊的原因可以归纳为以下方面：

（1）授权标准存在问题。Jensen 等（2006）抽取 1990—1995 年在欧洲、日本、美国提出申请的 7 万项专利进行的调查显示：欧洲专利局及日本专利厅的授权量平均为 37.7%，而美国专利商标局的授权量却高达 95%~97%。由于授权标准过低，使很多权利边界过宽或边界模糊的专利在美国授权。Moore（2000）发现美国专利商标局授予的专利过多是专利诉讼量激增的重要原因之一，授权标准低造成专利权利的边界过宽或者模糊，是导致专利保护宽度不确定的重要原因之一。

（2）审查程序存在问题。Lemley 和 Moore（2004）发现专利权人会利用连续案（Continuation）申请期间观察潜在侵权人的技术，在读取（Read On）潜在侵权人的技术与后续的改进技术后，调整权利要求书的范围以囊括这些技术，造成潜在侵权人和后续技术改进者的非故意侵权，导致专利诉讼量激增。因此，审查程序的"漏洞"也是造成专利权利边界处于不确定状态的重要原因之一。

（3）信息的不对称与不完全。在完全信息下，专利审查员授予专利权的技术一般应符合新颖性的标准。但是事实上，专利审查员是不可能掌握所有的技术信息的。由于专利局的数据库不可能包含所有的现有技术信息，因此，一个审查员不可能对所有有效专利进行审查。美国为了解决信息不对称、不完全的问题，建立了"公众专利评审"制度，通过开放式网络给审查员提供更好的信息。另外，随着科技的日新月异，社会中技术的总量在增加，对现有技术信息的识别，必然比以往耗费更多的成本，有实证研究表明：审查员花费在一件专利上的时间少得惊人，平均每件只有 18 小时。审查员没有足够的技术信息，又只花费较少的时间，是导致专利权利边界过宽或者模糊的重要原因。

（4）专利本身的特点。由于专利是一种构思与方案，其本身是抽象的、无形的，缺少可供客观测定的物质因素，所以由法律提供的权利测量工具——专利权利要求书，必然具有很强的主观性，很难像测量物质因素一样测量得非常准确，因此也难免会产生权利边界不确定的专利。

6.1.4　专利保护宽度二次界定的必要性

在专利保护宽度一次界定的过程中，对专利权利边界确定得过宽或者模糊的危害性可以归纳为：

（1）产生不必要的垄断扭曲。由于发明人对行业动态往往比审查员更加关注，所以，可能存在发明人即便知道其发明不具有新颖性，也提出专利申请的情况。而一旦获准，这种本该无效的专利却可能由于各种原因而得以维持，并给申请者带来巨大的收益，同时产生不必要的垄断扭曲，损害社会福利，增加社会成本。Merges（1999）发现美国授予了太多的保护范围过宽的专利，尤其是商业方法专利的质量普遍很低，授予这些低质量的专利已经产生了不必要的社会成本；竞争者如果不知道专利不具有新颖性，可能会停止该专利的使用，从而阻碍技术进步，或者竞争者可能向专权利人支付本不应该由专利权人获得的许可费、侵权损害赔偿费，造成竞争者的损失和专利权人权利的滥用。Lerner（2003）的实证研究证明在美国的金融领域内，由于大量专利存在有效性不确定（Dubious Validity）以及权利边界过宽的问题，给了很多个人发明人利用诉讼拦截（Hold Up）大型金融公司和机构的机会。Wagner（2009）还发现过低的授权标准会刺激公司申请更多的低质量专利，而低质量专利的产生将刺激专利诉讼量激增，以及为专利钓饵的策略性专利诉讼提供机会。以上这些情形会造成不必要的垄断扭曲，导致社会福利的损失，增加社会成本。对专利保护宽度的二次界定，正是为了减少不必要的垄断扭曲，减少社会福利和社会成本的损失。

（2）阻碍后续的创新、商业化应用。如果专利权利边界确定得过宽或者模糊，会对后续的创新者以及商业化应用造成障碍。Thomas（2002）发现大量不当授权的专利将对企业家产生警告效应，这些企业家会因为害怕专利诉讼失败而放弃发明创造，从而挫伤其发明创造的积极性，造成企业的创新率降低、基于专利的交易减少、商品和服务的价格增加。Lemley（2001）认为美国专利商标局应加强对多次涉诉的专利特点的研究，并重点加强对这类专利的审查，以减少专利诉讼量，研究发现：多次涉诉的专利很大一部分是专利权利边界过宽或者模糊的专利。

综上所述，在专利保护宽度一次界定时，专利权利边界确定得过宽或者模糊，将刺激专利诉讼量激增，导致专利权人滥用专利权，因此有必要对专利保护宽度进行二次界定。

由于审查制度、审查员工作中存在的问题以及专利本身的特点，在专利保护宽度一次界定的过程中，将专利权利要求范围界定得非常清晰是比较困难的，需要耗费大量的成本，花费很长的时间，这些成本可能远远超过专利带来的社会收益。如果对全部的专利都实施严格审查，不但不切实际，也会过于加重专利审查机构的负担。事实上，只有一小部分的专利会真正实现商业化或者卷入专利侵权诉讼纠纷中，因此，在尽量实施较为严格的审查的同时，还应建立良好的市场交易机制与专利纠纷解决机制，加强对专利保护宽度的二次界定，在解决专利保护宽度一次界定中存在问题的同时，有效降低社会成本。一方面，建立良好的专利交易机制，专利权人与被许可人可以在专利商业化的过程中通过契约等形式调整专利权利边界，对专利保护宽度进行二次界定。另一方面，建立良好的专利纠纷解决机制，特别是在低质量专利引起的专利侵权诉讼纠纷日益增多的背景下，由法院对专利保护宽度进行二次界定，可以有效地减少专利权利边界确定得过宽或者模糊带来的负面影响，主要是减少垄断扭曲、社会福利和社会成本的损失。

6.1.5 专利保护宽度的二次界定：识别与确定专利权利边界

专利侵权判定是对专利保护宽度的二次界定。在界定的过程中，法官必须首先对专利权利边界进行识别和确定。在各国的司法实践中主要存在两种识别与确定专利权利边界的原则：中心限定原则与周边限定原则。中心限定原则，是指在识别、确定权利要求的边界时，以权利要求所陈述的基本内容为中心，向外做适当扩张解释。周边限定原则，是指在识别、确定专利权利的边界时，必须完全按照权利要求的文字内容来确定，任何扩张解释都是不允许的。采用中心限定原则的国家以德国为代表，在这种原则的指导下，权利要求书只体现了一个总的发明构思，其目的是供专利局和公众判断发明创造的新颖性和创造性，在专利侵权诉讼中，法院可能对专利权利边界做出扩大解释。采用周边限定原则的国家以美国为代表，在这种原则的指导下，权利要求书体现了严格的权利边界，在专利侵权诉讼中，法院不能对专利权利边界做出扩大解释，只有当被控侵权产品或方法严格地从文字上重复再现了权利要求中所记载的每个技术特征时，才被认为落入该权利要求的边界之内。

从理论上来讲，中心原则体现出的专利保护宽度更宽，而周边限定原则体现出的专利保护宽度更窄，虽然这两种原则对专利权利边界的界定标准看似不同，但如果将权利要求书的撰写和审批考虑在内，两种原则对权利人的保护效果是基本相同的。美国、德国通过对专利审查、专利司法实践的调整，使这两种原则在对保护专利权人的实际效果上基本一样。这两种原则的形成有一定的历史原因，具体采取哪种原则来对专利权利边界进行界定，应以现有制度下对专利权利边界界定成本较低的方法为宜，这样才是有效率的。

6.1.6　专利侵权判定方法对专利保护宽度的影响

在对专利权利边界进行识别和确认以后，还需要判断侵权物是否落入专利权人的权利要求范围。在司法实践中，法院主要采取全面覆盖原则与等同原则来判断被诉的专利是否构成侵权。

全面覆盖原则，是指在判断侵权时，要看被控侵权物与专利是否相同，这也是美国判例法所规定的字面侵权原则。所谓字面侵权（Literal Infringement），是指专利权利要求书所记载的必要技术特征完完全全地落入行为人制造、使用、销售、进口的产品或方法中。有学者认为"字面"的含义体现在被控侵权的产品或方法涵盖的技术特征与权利要求书字面上记载的技术特征完完全全相同，未做任何修改。王鹏

（2008）构建的专利侵权判定模型对全面覆盖原则进行了详细的解释。情况一：被控产品或方法为 X_1 (A_1, A_2, A_3, A_4)，专利为 Y (A_1, A_2, A_3, A_4)，即 X_1 与 Y 技术都包括四个技术特征，如果 X_1 与 Y 一一对应，则 $X_1 = Y$，侵权成立。情况二：被控产品或方法为 X_2 (A_1, A_2, A_3, A_4, A_5)，被控产品多出了技术特征 A_5，但是仍然覆盖了 Y 的全面技术特征，仍然构成侵权。情况三：被控产品或方法为 X_3 (a_1, a_2, a_3, a_4)，其中 $a_1 \in A_1$，$a_2 \in A_2$，$a_3 \in A_3$，$a_4 \in A_4$，被控侵权产品或方法中的技术特征是专利的技术特征的下位概念，侵权成立。情况四：被控产品或方法为 X_4 (A_1, A_2, a_3, a_4)，其中 $a_3 \in A_3$，$a_4 \in A_4$，被控侵权产品或方法的技术特征与专利的技术特征部分相同，部分是上下位概念，侵权成立。如果被控产品或方法的技术特征比专利的技术特征少，则不能认定为侵权，因为如果被控产品或方法采用比专利少的技术特征却仍然可以达到同样的技术效果，则应认定是一种创新。

事实上，现实中大多数模仿专利的行为是在原有技术的基础上做了或多或少的改动，这些改动并没有对技术进行实质性的改进，模仿人并没有创造性的贡献，但又使侵权物与原有专利不同，如果适用全面覆盖原则，要求侵权物覆盖的技术特征与专利权利要求书记载的技术特征完完全全相同，可能会使模仿人的行为不被认定为侵权，从而对专利权人造成实质性的损害，使模仿者逃脱惩罚。所以，各国法院逐渐将等同原则适用于对专利侵权的判定。

等同原则是指在专利侵权判定中，通过对侵权物的技术特征同专利权利要求书中记载的必要技术特征进行比对，确定是否存在用实质相同的方式或者相同的技术手段替换属于专利技术方案中的一个或若干个必要技术特征，造成代替（侵权物）与被代替（专利技术）的技术特征实质相同的一种技术判断方法。王鹏（2008）构建的关于等同原则的模型如下：设 A_1^*, A_2^*, $\cdots$, A_n^* 分别为 A_1, A_2, $\cdots$, A_n 的等同技术特征，a_1^*，a_2^*，$\cdots$，a_n^* 分别为 a_1，a_2，$\cdots$，a_n 的等同技术特征，则等同特征判断模型可以写成：X（A_1/A_1^*/（a_1/a_1^*），A_2/A_2^*/（a_2/a_2^*），$\cdots$，A_n/A_n^*/（a_n/a_n^*），A_{n+1}/a_{n+1}，$\cdots$，A_{n+m}/a_{n+m}）$\geqslant Y$（A_1，A_2，$\cdots$，A_n），被控侵权物 X 仍然覆盖了专利 Y 的保护范围。

　　刘永沛（2011）的元对比理论可以很好地解释专利侵权判定方法与专利保护宽度之间的关系，他以三个要素的相同度为轴构成一个专利侵权判定的三维空间，如图 6-1 所示。

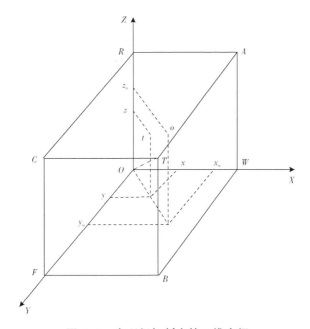

图 6-1　专利侵权判定的三维空间

资料来源：刘永沛. 专利侵权判定元对比理论 [J]. 北大法律评论，2011，12（2）：15.

　　其中，X 轴代表"手段"相同的程度，Y 轴代表"功能"相同的程度，Z 轴代表"效果"相同的程度。由 $OWBFCTAR$ 八个顶点构成一个封闭的三维空间，将其定义为"专利侵权判定空间"，记为"空间 Φ"。

专利侵权判定空间中的全部点组成集合 R，$R=\{x,y,z \mid 0\leq x\leq1, 0\leq y\leq1,$ $0\leq z\leq1\}$。其中，点 O（0,0,0）是空间的原点，点 T（1,1,1）是空间中离点 O 最远的顶点。点 o（x_o，y_o，z_o）是专利权人的技术 L 的特征相同度的临界点，点 t（x,y,z）是被控侵权人技术 e 在空间中的位置。有了 o 点和 t 点，就可得出定性和定量两个判断，完成一个特征的元对比。在 X 轴上，如果 L 和 e 所使用的手段不同，则 t 点取值 $x=0$，该点位于原点 O；如果 L 和 e 所使用的手段相同，则 t 点取值 $x=1$，该点位于 X 轴上的点 W；如果 L 和 e 所使用的手段"基本相同"的临界点是 x_o，则当 $0<x\leq x_o$ 时，两种手段"基本不同"，当 $x_o<x<1$ 时，两种手段"基本相同"。在 Y 轴、Z 轴上，L 和 e 的功能和效果元要素之间的关系，与 X 轴上特征 L 和 e 的手段元要素的关系同理。

专利侵权判定方法对司法实践中专利保护宽度的影响，可以体现在图 6-1 中对 o 点位置的控制上。不同专利侵权判定原则对专利保护宽度的影响是不同的，o 点的位置也不同。采用等同原则判定侵权时，o 点的位置离原点较近，离 T 点较远；采用全面覆盖原则判定侵权时，o 点的位置离原点较远，离 T 点较近。如果法官使用等同原则判定侵权，后续创新者需要花费更多的成本绕过原有的专利；如果法官使用全面覆盖原则判定侵权，后续创新者只需花费较少的成本就可绕过原有的专利。Green 和 Scotchmer（1995）的研究证明了这一点，通过分析专利保护宽度对序贯创新厂商间利润分配的影响，他们发现，由于后续创新必然建立在先期创新的基础上，因此后续创新者很可能会侵犯在先专利权人的权利，后续创新者往往会选择与先期创新者进行谈判，支付一定的许可费。如果专利保护宽度过宽，会影响后续创新者的谈判力，从而影响后续创新者的利润；如果专利保护宽度过窄，会影响先期创新者的谈判力，从而影响先期创新者的利润。如果法官仅使用全面覆盖原则判定侵权，后续创新者就可以利用专利申请所披露的知识，稍做修改便实现对现有专利的改进创新，从而替代现有产品，造成对原有创新者没有起到保护作用。所以，法院为了切实保护专利权人的利益，实践中引入了等同原则，等同原则扩大了专利保护宽度，使非实质性改进的情况也可以被认定为专利侵权。等同原则的使用依赖于法官的判断，如果法院较多使用等同原则，专利保护宽度就会扩大，专利权人胜诉的概率就会增加；反之，如果法院较少使用等同原则，专利保护宽度就会缩小，专利权人胜诉的概率就会降低。

从图 6-1 可以看出，法院通过对 o 点位置的控制，可以调整对不同类型专利的专利保护宽度。对于发明专利而言，由于发明专利授权标准中对创造性的要求很高，且需要经过实质审查，因此，应控制临界点 o 使其离原点近、离 T 点远，法院应给予发明专利较宽的专利保护宽度；对于实用新型专利而言，由于实用新型授权标准中对创造性的要求没有发明高，且只经过形式审查，其临界点 o 离 T 点较近，法院应给予实用新型专利较窄的专利保护宽度。通过对临界点 o 的控制，可以平衡公众和专利权人的利益。

法院对 o 点位置的控制，还可以调整不同技术领域的专利保护宽度。Shapiro（2001）指出，在半导体、软件、互联网等技术领域出现了专利丛林（Patent Thickets），导致了很多非故意侵权（Inadvertent Infringement）产生，潜在侵权企业会采用交叉许可、专利池和标准化战略减少专利丛林，抑制非故意侵权。Bessen（2004）发现在累积性创新领域，在先的专利持有者主张权利的范围过宽会阻碍后续的改进创新。因此，对于创新密集、累积性创新的技术领域，应控制临界点 o 使其离原点远、离 T 点近，专利保护宽度不能过宽，避免行业的后续创新者因为太容易侵权他人的专利而丧失改进技术的积极性，从而抑制专利密集型行业、累积性创新行业的发展。

对于基础性创新领域，Bessen 和 Meurer（2005）的研究发现，专利诉讼可以帮助识别专利权人的专利溢价（Patent Premium），如生物制药行业的专利权人需要通过专利诉讼来排除竞争者的模仿，通过专利许可获得专利溢价。大学和自由发明人也需要通过专利诉讼提高专利许可的谈判筹码，获得专利溢价。因此，对于基础性创新、突破性创新的技术领域，应控制 o 点位置使其离原点近、离 T 点远，专利保护宽度不能过窄，避免基础性创新者在付出巨大的研发成本后（如药品专利往往会耗费数十亿美元的研发经费），却因他人的侵权很难被判定而遭到巨大的损失，从而抑制基础性创新、突破性创新技术领域的发展。

6.2 专利侵权损害赔偿对专利保护的有效性分析

6.2.1 专利侵权损害赔偿制度的政策意涵

专利侵权损害赔偿制度作为重要的政策工具，一直是各国关注的重点。专利侵权损害赔偿是否有效地保护了专利，可以从该制度是否实现了其政策目标得到初步的结论。Dinwiddie（1995）发现，日本法院判决的专利侵权损害赔偿额远小于美国法院判决的数额，因此影响了美国企业在日本的投资热情。日本法院需要提高赔偿额，以利于吸引美国企业的投资。Takenaka（2000）的研究进一步证明了 Dinwiddie（1995）的观点，他还发现，日本政府 1998 年提高赔偿额的改革，不仅改善了日本与美国的贸易关系，而且达到了促进技术创新、技术投资以及初创企业发展的目的。美国学者对本国相关问题的研究结论则相反，认为只有降低赔偿额，才能更有效地保护专利。Reitzig 等（2007）采用博弈模型分析了专利权人与侵权人的策略选择，并发现美国高额的专利侵权损害赔偿额，使越来越多的专利钓饵通过起诉"非故意侵权"人获得高额诉讼利润，这种策略可以称为"被侵权策略"（Being Infringed），有害于创新。Layne-Farrar 和 Schmidt（2010）的研究也指出高额的损害赔偿金使"专利钓饵"权利人滥用权利"拦截"生产型企业。美国的专利侵权损害赔偿制度给予一部分专利权人很高的保护，但却损害了另一部分专利权人的创新积极性，所以美国国会最终于 2011 年 6 月 24 日通过了《专利改革法案》，通过改革赔偿计算规则来减少赔偿，最终降低了专利司法保护强度。

6.2.2　我国专利侵权损害赔偿额的动态调整

专利侵权损害赔偿额的调整应该根据各国的经济发展阶段、贸易发展水平而定，是一个动态调整的过程。作为一个重要的政策杠杆，过高或者过低的专利侵权损害赔偿额都不好，过高的赔偿额有可能导致专利权人滥用权利，从而给创新、经济的发展带来负面影响，过低的赔偿额又可能导致对专利权人的创新激励不足。西方发达国家通过逐步、分阶段提高专利侵权损害赔偿额来激励创新，并通过修改专利侵权损害赔偿计算规则减少赔偿额，来规避对创新带来的负面影响。各国的国情不同，对专利的保护程度、保护措施也不同，西方发达国家不能以其自身对专利保护的高标准要求发展中国家。与美国等西方发达国家相比，我国专利侵权损害赔偿额较低，是因为我国的专利质量、经济发展水平偏低，因此，我国不能按照西方发达国家的要求将专利侵权损害赔偿额提高到与它们一样的水平。如果盲目地提高保护水平，会对产业的发展造成巨大的负面影响。我国提高专利司法保护强度应是一个循序渐进的过程，与此同时，还应规避在加强专利保护过程中对创新与经济带来的负面影响。

与美国等发达国家相比，我国的专利侵权损害赔偿额较低，Sepetys 和 Cox（2011）的实证研究指出，2009 年，中国的专利侵权损害赔偿额偏低。虽然对侵权的惩罚力度不大不利于对专利的保护，但过高的专利侵权损害赔偿额会阻碍产业的发展，对很多产业造成冲击。如从长期发展来看，必然会损害创新，阻碍经济的发展。随着经济的发展，我国现在面临建设创新型国家，推动经济转型升级的任务，确实有必要利用专利制度加强对创新的激励，但是专利司法保护强度的提升不宜过高过快。因此，我国正在逐步提高专利侵权损害赔偿额。

6.3 停止侵权对专利保护的有效性分析

6.3.1 停止侵权对专利权人的专利策略的影响

1. 停止侵权的定义

停止侵权指责令非专利权人停止其侵权行为的一种民事责任形式，如停止使用专利方法、停止制造专利产品、停止销售相关专利产品等（方晓霞，2011）。停止侵权是为了阻止侵权行为继续发生，避免专利权人的损失继续扩大。

美国的永久性禁令与我国的停止侵权功能相似，但美国的永久性禁令与我国的停止侵权在设立宗旨、适用对象、适用条件等方面有所不同，通过比较两者的异同，可以更全面地理解停止侵权的概念（张玲，2011；和育东，2008）。

其一，永久性禁令与停止侵权都具有预防性，永久性禁令指法庭要求实施某种行为或禁止实施某种行为的命令，是针对未来有可能发生的侵权行为下达的，目的在于阻止尚未发生的侵权损害，对于已经发生的侵权行为则适用专利侵权损害赔偿。停止侵权也是对未来可能发生的侵权行为的救济。所以停止侵权与永久性禁令制度都是为了防止该侵权行为的影响结果扩大，因此停止侵权制度和永久性禁令制度的目的是一致的。

其二，违反永久性禁令将受到严厉的惩罚，而停止侵权的惩罚严厉程度不如永久性禁令。在美国，如果被告违反永久性禁令，专利权人可以通过民事的藐视法庭程序获得救济。如果被告是蓄意侵害专利权，还可以启动刑事的藐视法庭程序，被告会被认定构成藐视法庭罪而被处以罚金、监禁或两者并罚，法庭采取严厉制裁，直至被告同意遵守法院的命令。在我国，如果被告继续侵权，原告只能请求法院强制被告停止侵权，如果超过强制执行期限，原告只能再行起诉，所以我国的停止侵权对未来可能发生的侵权行为的救济力不如永久性禁令。

其三，永久性禁令与赔偿损失分开使用，而停止侵权可与赔偿损失合并适用。

其四，永久性禁令适用的规则严格，在 eBay 与 MercExchange 案件之前，只要侵权被认定，法院就会下达永久性禁令，但在 eBay 与 MercExchange 案件之后，即使侵权被认定，也必须适用"四要素检验法"才能下达永久性禁令，永久性禁令的下达必须更多考虑专利权人利益与社会公共利益的动态平衡。我国的停止侵权制度没有这样严格的适用规则，仅规定：为公共利益之需要可以不适用停止侵权。

其五，永久性禁令不是绝对永久的，也有期限的限制，并且可随着后来情况的变化加以更改。永久性禁令还可以停止执行和缓期执行。我国的停止侵权一般是一直到专利权终止都不得继续使用该项技术，所以我国的停止侵权的适用形式不如美国永久性禁令的适用形式灵活。

综上所述，我国的停止侵权对侵权行为虽然予以制止，但惩罚的力度远不如美国的永久性禁令强，也不如美国的永久性禁令适用标准严格、形式灵活。总的来讲，我国停止侵权适用的标准、形式与美国的永久性禁令相比还比较简陋。

2. 我国停止侵权、美国永久性禁令对专利策略的影响

由于我国的停止侵权与美国的永久性禁令在设立宗旨、适用对象、适用条件等方面有所不同，导致我国的停止侵权与美国的永久性禁令对专利权人保护的力度不同，这会影响专利权人的专利策略。有学者研究发现，由于美国的永久性禁令和专利侵权损害赔偿对专利权人保护的力度较强，很多企业开始转变其专利策略。Choi（2010）的研究发现，很多专利交叉许可、专利池、标准专利的协议是在"诉讼阴影"（In the Shadow of Patent Litigation）下产生的。Monk（2009）发现很多企业开始将专利买卖、许可作为主营业务，如微软、IBM等经常大批量地出售组合专利，专利交易逐渐成为这些企业的盈利中心，并且这些企业也开始提起专利诉讼。Chien（2009）总结出企业专利策略的动态变化过程，研究指出，为了抵御诉讼，很多企业开始积累防御性的专利，在累积了大量的专利后，有些企业也开始专利许可和发起专利诉讼；研究还揭示了大企业与小企业提起专利诉讼的比例，当大企业、生产型企业是被告时，原告是大企业的比例只有30%~40%，原告是专利钓饵、自然人专利权人的比例占60%~70%。由此可见，美国的永久性禁令对专利权人实施强有力的保护，既有正面影响，又有负面影响：专利权人积极地进行专利购买、加强专利防御，在一定程度上促进了专利的流动，专利钓

饵收购大量的闲置专利提高了专利的利用率；专利钓饵过于频繁的诉讼在一定程度上阻碍了大企业、生产型企业的创新与发展。

　　相比而言，我国的停止侵权对专利权人的保护力度较弱，这也影响了专利权人的专利策略。和育东（2008）发现在司法实践中，由于没有保障执行的有力措施，被告对停止侵权的判决往往不以为然，法院对违反停止侵权责任的情况也是漠然处之。我国停止侵权对专利权人的保护力度较弱，既有正面影响，又有负面影响：侵权人使用他人专利受到的惩罚较小，将鼓励侵权人模仿，在一定程度上将促进技术传播，但长此以往，必然会挫伤专利权人的创新积极性，影响经济的发展（Sepetys & Cox，2009）。另外，保护力度较弱导致企业购买专利与交叉许可的愿望较低，对专利交易市场的依赖较小，专利交易市场发展相对缓慢。两种不同制度对专利权人专利策略的影响如图 6-2所示。

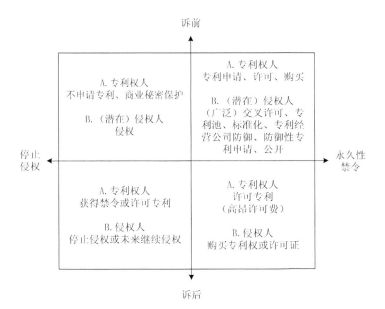

图 6-2　专利权人在停止侵权与永久性禁令的影响下分别采取的策略

从图 6-2 可以看出，在我国，由于停止侵权对专利权人的保护力度较弱，专利权人可能不愿意申请专利，从而采用商业秘密保护其技术。潜在的侵权人由于不惧专利权人的诉讼，可能会不断地侵权。在诉讼发生后，专利权人通常会获得停止侵权的禁令从而禁止侵权行为。如果停止侵权会对侵权人造成巨大损失，则侵权人可能会与专利权人谈判，专利权人会许可自己的专利；如果停止侵权对侵权人造成的损失不大，侵权人可能不会与专利权人谈判。在超过停止侵权的强制执行期后，仍然可能继续侵权。在美国，永久性禁令对专利权人的保护力度较强，会促使专利权人积极地申请专利、许可专利、购买专利。潜在的侵权人特别是生产型企业，因为永久性禁令的发出会停止其产品的上市和销售，从而造成巨大的损失，所以会与其他企业进行广泛的交叉许可、建立专利池，建立标准化组织，进行防御性的专利申请与公开。市场中还产生了专门防御专利钓饵诉讼侵袭的专利经营公司。在诉讼发生后，由于永久性禁令的威胁，专利权人往往以远高出平均价格的专利许可费来许可其专利，侵权人特别是生产型企业迫于永久性禁令会威胁与阻碍其产品的上市和销售，不得已只有接受专利权人较高价格的专利许可。因此，通过对比美国永久性禁令与我国停止侵权对专利权人保护力度可知，过强与过弱的专利保护都不利于激励创新，我国可以参考美国永久性禁令制度来完善停止侵权制度，从而加强专利的保护，但是也要避免永久性禁令制度带来的弊端，防止专利权人滥用权利。

6.3.2 停止侵权对专利权人与公共利益的动态平衡

我国专利法实施的历史较短，并且正值专利权的排他效力和禁令救济在世界范围内加强，比如美国法院自 20 世纪 80 年代以来存在把禁令救济当然化的做法，这些做法都影响了我国法院将停止侵权救济也当然化（和育东，2008）。一旦有侵权行为，不论侵权人是否已经放弃了侵权，都会适用停止侵权。

近年来，我国法院也注意到专利权人利益与公共利益的冲突，停止侵权可能会损害公共利益，所以，有些案件以公共利益为由判决不适用停止侵权。但我国对不适用停止侵权的标准没有具体规定，导致了有些案件中对专利权人保护的力度不足，对长远公共利益保护的力度不够。

美国以衡平法原则以及四要素检验法为标准来发出永久性禁令，四要素检验法规定永久性禁令发布的条件是：①原告已经遭受不可挽回的损害，所以原告的权利请求是合法的；②侵权在未来仍然很有可能发生，而且（金钱的）损害赔偿是不充分的；③被告执行禁令的损失并非不成比例地大于禁令给原告带来的收益，在考虑原被告双方的利弊得失比较下，此项禁令的发出是有正当理由的；④符合公共利益的要求（Fischer，1999）。

法院根据此原则拒绝发出永久性禁令的情况有：①专利权人不生产产品且专利权人没有实施专利的意愿，也缺乏实施专利使之商业化的活动，而侵权人是生产者，发出禁令会给侵权人的生产带来不可恢复的困境，专利权人除了可以提高专利许可费外，禁令对专利权人没有产生影响，因此不应该发出禁令，这在 eBay 与 MercExchange 案中有所体现（Jones，2007）。但以上情形必须排除的是，如果专利权人仅仅是自身没有实施专利技术的资金和条件，他只有靠专利许可来实现专利价值，此时拒绝发布永久性禁令救济又不能保护专利权人的利益，因此是不合适的。这种拒绝发出永久性禁令的情形是法院专门针对专利钓饵的特点而设的，专利钓饵不生产产品，并专门以诉讼为生，一旦专利钓饵不能获得法院发出的永久性禁令，其对生产型企业的威胁会大大降低。②赔偿数额足以购买该专利在全部有效期内的许可。③依据反托拉斯法的规定不应发出永久性禁令。在涉及反托拉斯的诉讼中，如果专利权人的专利涉嫌垄断，法院可以拒绝发出永久性禁令，并以合理许可费的方式判决强制许可。④涉及公共卫生健康。如被告使用了原告的一种污水净化方法专利，如果法院发出永久性禁令，污水处理厂将面临关闭，从而影响当地居民区的污水处理能力，进而危害地区居民的身体健康和正常的生活。再如在战争时期，乳制品短缺，如果专利权人垄断人造奶油维生素 D 含量的方法专利，并提高专利价格，则最高法院可以以公共利益为由拒绝发出永久性禁令。

因此，从美国永久性禁令的发出来看，一方面是为了平衡专利权人的利益以及与专利权人利益相对立的公共利益，另一方面是为了平衡专利权人的利益和社会的公共利益，在保护专利权、激励创新的同时兼顾公共福利、降低社会成本。前一种公共利益可以称为即时公共利益，后一种公共利益可以称为长远公共利益。我国停止侵权制度的完善不应只考虑即时公共利益，还应考虑长远公共利益，应给出公共利益的具体定义，并规定适用公共利益标准的条件。另外，应建立更加完善的市场机制，使侵权人可以通过专利交易从专利权人处获得许可证，从而用市场机制平衡专利权人的利益、长远公共利益与即时公共利益，实现专利权人利益、长远公共利益与即时公共利益的动态平衡。我国虽然不能完全按照美国的四要素检验法来修改停止侵权制度，但是应该以平衡专利权人利益、长远公共利益与即时公共利益为出发点，完善停止侵权制度。

第 7 章

专利侵权判定有效性的实证研究

在专利侵权案件中，法院进行专利侵权判定至少面临以下几个方面的问题：一是侵权产品专利权保护边界的确定；二是专利侵权判定方法的适用；三是我国制定司法政策时需要考虑的价值导向。前两个问题是技术维度问题，第三个问题则为问题一、问题二的解决提供了价值导向。形成这种逻辑关系，究其原因是：从知识产权的权利属性看，知识产权的权利属性不仅具有私权属性，还兼具政策工具属性，知识产权制度的宗旨是为了实现作为私权的专利权和社会公共利益的动态平衡，因此在法律分析的同时还需要兼顾政策分析，利用政策导向实现立法目

的，在专利权保护的同时又兼顾公共利益的平衡。具体到我国专利侵权
判定对专利有效保护的判断标准是：我国现阶段专利侵权判定方法的适
用、专利权保护边界的确定（专利权保护）是否与我国的经济和产业
发展（公共利益）相匹配，这也是我国制定相关司法政策时需要考虑
的价值导向，特别是现阶段我国专利权涉及的技术领域突飞猛进的发
展，要求我国相关司法政策迅速响应这种需求的变化。

国外学者主要研究欧美发达国家的专利侵权判定制度，缺少对我国
相关制度的研究。国内学者的研究主要集中在对欧美发达国家专利侵权
判定制度的借鉴，以及对我国专利侵权判定制度的法理分析上，缺乏对
专利侵权判定制度的实证分析，关于"专利侵权判定有效性的实证研
究"很少。鉴于此，本章在前文对"专利侵权判定对专利保护有效性"
进行理论分析的基础上，采用中国专利侵权案件中关于专利侵权判定的
统计数据，对我国专利侵权判定的有效性进行实证分析，在理论分析与
实证分析的基础上，结合我国经济和产业发展的阶段，提出相应的政策
建议，为提升我国专利司法实践中专利侵权判定的有效性提供依据。

7.1　研究设计

7.1.1　样本的选取与数据来源

本章以 2005—2010 年我国人民法院受理的一审、二审专利民事侵
权诉讼案件为样本，数据覆盖 43 家人民法院的裁判结果。

数据均为手工搜集整理，即阅读搜集到的每一份文书，提取所需要
的信息，整理形成变量。其中部分变量涉及涉案专利的技术特点，则进
一步在国家知识产权局检索数据库中对涉案的专利逐一进行手工检索，
并在阅读专利授权文书后，提取相关信息，整理形成变量。

7.1.2　研究思路

在专利侵权判定时，法官适用不同的专利侵权判定原则，对专利保
护的强度不同。专利侵权判定的原则主要有两种：① "等同原则" 是
通过对侵权物的技术特征同专利权利要求中记载的必要技术特征的比
对，确定是否存在用实质相同的方式或者相同的技术手段替换属于专利
技术方案中的一个或若干个必要技术特征，造成代替（侵权物）与被
代替（专利技术）的技术特征实质相同的一种技术判断方法。② "全
面覆盖原则"，是指在判断侵权时，要看被控侵权物与专利是否相同，
也就是美国判例法所规定的 "字面侵权原则"，所谓 "字面侵权原则"，
是指专利权利要求书所记载的必要技术特征完完全全地落入了行为人制造、
使用、销售、进口的产品或方法中。法官判定专利侵权时适用 "等同原则"
在一定程度上提高了专利保护强度。Merges 和 Nelson（1990）的实证研究
也得到了类似的结论，并发现 "等同原则" 的适用对累积创新的影响
很大。因此，本章的实证部分重点针对我国法院在专利侵权判定时适用
"全面覆盖原则" "等同原则" 的情况来分析我国专利侵权判定的有
效性。

7.2 实证分析

7.2.1 专利侵权判定原则适用分析

表7-1是在专利权人胜诉的案件中，对法院使用不同专利侵权判定方法的情况进行的统计，可以看出，对于发明与实用新型专利，法院适用"全面覆盖原则"判定侵权的次数远高于法院适用"等同原则"判定侵权的次数。对于发明专利，法院适用"全面覆盖原则"判定侵权的频率为86.2%，适用"等同原则"判定侵权的频率为13.8%。对于实用新型专利，法院适用"全面覆盖原则"判定侵权的频率为83.6%，适用"等同原则"判定侵权的频率为16.4%。对于外观设计专利，法院适用"相似原则"判定侵权的次数要远高于适用"相同原则"判定侵权的次数，法院适用"相同原则"判定侵权的频率为28.1%，适用"相似原则"判定侵权的频率为71.9%。可见，在对发明和实用新型的侵权进行判定时，我国法院主要采取了"全面覆盖原则"来判定侵权，法院判定侵权时使用的临界点 o 离原点远、离 T 点近（见图6-1）。法院并不倾向于广泛地适用"等同原则"。

对于外观设计，主要以"相似原则"判定侵权，对外观设计的保护宽度较宽。由于外观设计不需要经过实质性审查，对外观设计做出微小的改动较为容易，所以以"相似原则"认定外观设计的侵权在一定程度上更有利于对专利权人的保护。

表 7-1　专利侵权判定方法统计分析

专利 类型	全面覆盖原则 （相同） 适用次数	全面覆盖原则 （相同） 适用频率	等同原则 （相似） 适用次数	等同原则 （相似） 适用频率
发明	56	86.2%	9	13.8%
实用新型	97	83.6%	19	16.4%
外观设计	87	28.1%	223	71.9%

注：涉案专利是外观设计，适用"相同原则"与"相似原则"认定侵权。

7.2.2　涉诉专利保护范围与专利侵权判定原则适用

对以上适用"全面覆盖原则"判定侵权的案件与适用"等同原则"判定侵权的案件进行比较，分析两组案件涉诉专利的保护范围。结合专利的保护范围与专利侵权判定原则的适用情况，进一步验证我国专利侵权判定对专利保护的有效性。

专利的保护范围主要是由"独立权利要求"决定的，独立权利要求中的必要技术特征越多，专利保护宽度越窄，独立权利要求中的必要技术特征越少，专利保护宽度越宽。要想准确获知一项专利的具体权利范围，最好聘请专家与律师分析独立权利要求中的技术特征数量，但这种方法不适用快速估计或者分析大量样本，所以计算权利要求数量是实证中普遍采用的一个替代方法，权利要求的数量可以在一定程度上反映专利保护的"范围"和"宽度"。权利要求数量越多，权利边界的外延越大，内涵越少，专利保护宽度就越窄。权利要求数量越少，权利边界的外延越小，内涵越多，专利保护宽度就越宽。考虑到专利保护范围主要是由"权利要求"反映出的技术范围来确定的，而权利要求数量是表征专利保护范围的重要指标之一，本章也选择专利权利要求数量表征专利保护范围。

　　表 7-2 是对"全面覆盖原则"案件组与"等同原则"案件组的专利权利要求数量均值进行统计分析的结果。从表中可以看出，"全面覆盖原则"案件组的专利权利要求数量均值是 9.76，"等同原则"案件组的专利权利要求数量均值是 4.29。

表 7-2　涉诉的专利权利要求数量统计

侵权判定原则	样本数/件	权利要求数量均值/项
全面覆盖原则	153	9.76
等同原则	28	4.29

　　进一步检验"全面覆盖原则"案件组与"等同原则"案件组的权利要求数量是否存在差异，检验的结果见表 7-3。先对两组数据的方差齐性进行检验，Levene's 方差齐性检验 P 值（Sig.）小于 0.05，说明两样本所在总体的方差不齐，所以使用方差不齐时的 t 检验结果，$t = 3.614$，$df = 178.935$，P 值（Sig.）（双侧）$= 0.000$，在 5% 的水平下通过检验，表明两组专利的权利要求数存在显著差异。因此，"全面覆盖原则"案件组的专利权利要求数量比"等同原则"案件组的专利权利要求数量要多。

表 7-3　t 检验结果

方差齐性		方差方程的 Levene's 检验		t 检验结果		
		F 值	P 值（Sig.）	t	df	P 值（Sig.）（双侧）
权利要求数	方差齐	5.850	0.017	1.662	179	0.098
	方差不齐			3.614	178.935	0.000

"全面覆盖原则"必须是侵权专利完全覆盖专利权人的专利，缺少一项必要技术特征就不被认定为侵权。在法院大规模适用"全面覆盖原则"的情形下，侵权人只要稍微改变权利要求并应用于其他的技术领域，就可以绕过专利权人，法院大规模适用"全面覆盖原则"会使只做微小改进的侵权人逃脱法律惩罚的概率增大，造成对专利权人创新的保护力度减弱。专利权利要求数量越多，侵权人做微小改动的难度就越低，法院更倾向于适用"全面覆盖原则"判定侵权，这在一定程度上说明我国专利侵权判定的司法实践中对发明和实用新型保护的强度较弱。

7.2.3　我国法院大规模适用"全面覆盖原则"的原因分析

笔者在文书统计与调查中发现，对于发明和实用新型专利的专利侵权判定，我国法院大规模适用"全面覆盖原则"是基于以下几个方面的原因。

（1）实用新型不用经过实质性审查，很多专利都处于权利边界过宽或者模糊的状态。在大部分涉诉专利质量不高、专利权利边界不确定的情况下，法院采用"等同原则"来界定专利权的边界将耗费大量的司法成本，在司法资源有限而专利侵权案件量激增的情况下，法院会更倾向于适用"全面覆盖原则"来判定侵权，降低司法成本。

（2）专利文书的质量不高，甚至很多文书还有错别字与标点错误，如将"煎药器"写成"剪药器"，从而造成大量专利的权利要求范围不稳定。如果大范围适用"等同原则"，可能会助长专利权人在撰写文书时不负责任的态度，造成专利权人权利的滥用，也会导致公众利益受损。专利文书质量不高的重要原因之一是我国专利代理人职业道德规范不健全，部分专利代理人缺乏严谨、认真的职业素养。表 7-4 统计的是

"是否代理人撰写文书"对胜诉率的影响。从中可以看出，我国代理人撰写的文书并没有显著提高原告的胜诉率。

表7-4　"是否代理人撰写文书"对胜诉率的影响

变量	样本量/件	原告胜诉率	样本量/件	原告败诉率
代理人撰写	293	72.9%	109	27.1%
非代理人撰写	163	76.2%	51	23.8%

（3）专利判定侵权，特别是适用"等同原则"判定侵权，对法官的技术分析和判断能力要求很高，但我国的知识产权庭法官普遍缺乏技术背景。我国法院对通晓技术的专业法官的培养和选拔机制还不健全，因此，法院大规模适用"全面覆盖原则"可以避免和减少审判失误。

（4）很大一部分专利侵权是完全抄袭和模仿他人的专利，直接可以适用"全面覆盖原则"来认定侵权，无须适用"等同原则"。这说明：一方面，很多企业不注重创新，无视我国的专利保护制度；另一方面，我国的专利保护强度偏低，对侵权人的打击力度不够，不足以遏制侵权，使侵权人感到害怕。

7.3　结论与建议

本章选择全国43家法院判决的专利侵权案件为样本，对我国专利侵权判定对专利保护的有效性进行了实证研究。研究发现：对于发明和实用新型专利，我国的法院主要适用"全面覆盖原则"来判定侵权，对于外观设计专利，我国的法院主要适用"相似原则"来判定侵权。

研究结果表明：在法院大规模适用"全面覆盖原则"的情形下，侵权人只要稍微改变权利要求并应用于其他的技术领域，就可以绕过专利权人，法院大规模适用"全面覆盖原则"会使对专利权人（发明和实用新型权利人）创新的保护力度减弱；以"相似原则"认定外观设计的侵权在一定程度上更有利于对专利权人的保护。我国法院大规模适用"全面覆盖原则"的原因主要有：①实用新型没有经过实质性审查且文书撰写质量不高，造成专利权利边界处于模糊不清的状态。为了降低司法成本、避免专利权滥用，法官更倾向于适用"全面覆盖原则"。②法官普遍缺乏技术背景，而适用"等同原则"需要对技术有较为深入的认识，大规模适用"全面覆盖原则"可以避免和减少审判失误。③很大一部分专利侵权是完全抄袭和模仿他人的专利，直接可以以"全面覆盖原则"来认定侵权，无须适用"等同原则"。

基于以上的研究结论，为专利侵权诉讼制度的完善、政策的制定提供以下参考建议：

（1）逐步加强专利侵权判定对专利保护的强度。我国的专利侵权现象仍然非常严重，很大一部分侵权人都只是照抄或者微小改动他人专利，普遍缺少实质性、突破性创新。"全面覆盖原则"对于完全照抄他人专利的侵权行为可以予以认定，但是对于只做微小改动的侵权行为打击力度不大，这在我国建设创新型国家的大背景下，不利于我国产业结构调整和经济转型。因此，从长远利益出发，我国应逐步加强专利侵权判定对专利保护的强度，法院可以通过加强"等同原则"的适用来实现对专利保护强度的调整，从而激励创新，促进我国经济的发展。

（2）加强专利审查。我国存在大量有效性不确定以及权利边界模糊的专利，造成了专利侵权判定的难度，大大增加了司法成本。特别是我国涉诉的大多数专利是实用新型和外观设计，这两类专利不用经过实质性审查，很多专利的有效性不确定、权利边界模糊，增加了法院调查的难度和成本。加强对实用新型的审查，通过提高审查标准和利用人工智能技术比对等手段，控制实用新型和外观设计的数量，提高质量，有助于法官更加准确地判定侵权。

（3）加强专利代理人队伍的建设。我国存在专利代理制度建设落后、行业协会监管不力、代理机构管理缺位等方面的问题，造成部分代理人素质不高，影响专利文书撰写的质量。应联合专利代理机构管理部门以及行业协会，建立专利代理人信用机制，对专利代理人的行为进行规制，对违反行业规范的专利代理人给予惩罚。

（4）加强具有技术与法律双重背景的法官的选任与培养。由于专利侵权判定在很大程度上依赖于法官的判断，所以对法官的职业素养要求很高。应加强具有技术与法律双重背景的法官的选任与培养。对现有的法官应加强技术培训，可将审判案件的技术领域进行细分，对法官按照不同的技术领域进行培训并提供学习深造的机会。改革员额制，增加知识产权法庭法官的数量。

第 8 章

专利侵权损害赔偿有效性的实证研究

专利侵权赔偿制度是知识产权保护中的一项重要制度，其对专利的有效保护可加快自主创新，提高科技竞争力，促进产业升级，也一直是国际国内社会关注的热点问题。首先，从专利权人的视角看，专利侵权赔偿制度通过判定赔偿额，直接维护专利权人的合法权益，激励专利权人的创新热情。其次，从企业的角度看，在全球经济贸易一体化的背景下，专利侵权赔偿制度不仅是企业反击知识窃贼的保护手段，而且是企业提高专利议价能力、强化自身竞争优势、扩大行业影响的重要制度保障。最后，从政府的层面看，专利侵权赔偿制度是加强市场竞争、吸引投资、引导高新科技产业发展、促进产业结构升级的有效政策杠杆。"中国专利侵权损害赔偿制度对专利保护不力"是欧美发达国家质疑我国专利司法保护不力的最大问题，如美国历年的《特别 301 报告》屡次指出该问题。具体体现在：专利侵权损害赔偿制度中存在"举证障碍"（Evidentiary Hurdles）、法官判决的"侵权损害赔偿额较低"（Smaller Awards）、法官实施"地方保护主义"（Local Protectionism）三个方面。这些调查报告不仅对我国的国际形象造成了巨大的负面影响，而且成为美国国际贸易委员会发起后续更严厉调查，甚至实施贸易制裁的重要依据之一。然而这些调查报告的数据主要来源于对知识产权密集型美国企业的调查和访谈，是美国企业的一面之词，缺乏我国的数据支撑和实证分析，据此得出的结论必然是片面的、偏向于美国企业的。在这种背景下，采用我国的数据对我国专利侵权损害赔偿制度是否有效地保护了专利进行实证研究，既可以回应与纠正欧美发达国家贸易调查报告中主观的结论，又可以为我国政府下一步政策的制定和出台提供客观依据，因此具有重要意义。

国内学者对相关问题的研究，主要集中在定性地研究我国专利侵权损害制度的不完善对专利保护造成的影响上，其中也包括部分跨国比较研究，但实证研究较少。国外学者主要针对其本国的专利侵权损害赔偿制度是否有效地保护了专利，进行了理论和实证的分析，采用中国数据进行的实证研究也极少，仅有 Sepetys 和 Cox（2009）的研究有所涉及。鉴于此，本章结合前几章中实证研究的结果，针对欧美发达国家贸易调查中指出的"举证障碍""地方保护主义""侵权损害赔偿额较低"三个问题进行分析，研究我国的专利侵权损害赔偿制度是否有效地保护了专利，为我国政府完善专利侵权损害赔偿制度、回应与纠正欧美发达国家贸易调查报告中主观的结论提供客观依据。

8.1 研究假设

美国贸易调查报告中指出的"举证障碍"主要是指我国缺少类似美国的"证据开示"制度，导致不能适用合理的赔偿计算规则。陈希（2008）的研究表明，专利权人可向我国法院申请"法院调查取证"或"证据保全"，这两种制度与"证据开示"制度的功能一致。实际上，影响赔偿计算规则适用的因素不仅有举证制度，还有专利权人举证的充分性及合理性。按照我国《专利法》规定，赔偿数额应该按照"专利权人所受损失、侵权人所获利润、合理专利许可费用的倍数"计算。如果专利权人使用以上三种计算规则举证失败，由人民法院根据"专利权的类型、侵权行为的性质和情节等因素"酌情适用法定赔偿。因此，专利权人举证不力会导致实际赔偿额与请求赔偿额的比值偏低，贺宁馨和袁晓东（2012）采用我国专利侵权案件进行的统计分析证明了这一点。实际赔偿额与请求赔偿额的相关系数可以反映专利权人举证的充分性及合理性，基于此，提出以下假设。

H1：专利权人请求的赔偿数额与法院判决的赔偿数额的相关系数不高。

美国贸易调查报告中指出的"地方保护主义"主要是指我国法院赔偿额的判决对本国专利权人有偏祖。但 Sepetys 和 Cox（2009）对北京、上海两地的知识产权诉讼案件的回归分析证明，外国籍原告人更易获得较高的赔偿额，与美国贸易调查报告中的结论截然相反。基于此，提出以下假设。

H2：外国籍原告人更易获得较高的赔偿额。

美国贸易调查报告中提出的"侵权损害赔偿额较低"是基于知识产权密集型的美国企业的数据，没有我国的数据支持，因此得出的结论过于武断。实际上影响侵权损害赔偿额的因素有很多，判定侵权损害赔偿额是否过低应综合考虑这些因素，不能简单地从赔偿金额判断。美国学者 Ailison 等（2009）的实证研究发现专利质量对赔偿额有较大影响，质量较高的专利更容易胜诉且获得高额赔偿。由于我国只有18%的专利是发明，其余都是实用新型和外观设计，而实用新型和外观设计专利没有通过实质性审查，专利质量较低。因此，给予实用新型专利、外观设计专利较低的赔偿金额是合理的。由于发明凝结了较高的智力成果，其创造度比实用新型、外观设计更高。从激励创新的角度出发，给予实用新型专利、外观设计专利比发明专利低的赔偿额也是合理的。基于此，提出以下假设。

H3：涉案专利类型与法院判决的赔偿数额呈正相关性。

我国的专利侵权损害赔偿额还受到法律变动的影响。我国于2009年实施的《专利法》修改了赔偿计算规则，从而更有利于专利权人的举证，并且把法定赔偿额由原来的50万元提高到了100万元，从而加强了对专利的保护。基于此，提出以下假设。

H4：2009年实施的《专利法》与法院判决的赔偿数额呈正相关性。

美国贸易调查报告中指出的我国"侵权损害赔偿额较低"，是与美国的赔偿额相比较，未考虑我国当前的经济发展水平。我国侵权损害赔偿额是否合理的衡量标准是：是否与中国市场中专利交易的价格相当。由于我国法院主持、当事人调解结案的赔偿额是当事人谈判、协商一致的结果，在一定程度上反映了我国市场中专利交易的价格。如果法院判决的赔偿额与调解的赔偿额没有显著差异，则表明我国法院判决的赔偿额与市场中专利交易的价格基本相当。基于此，提出以下假设。

H5：判决的赔偿数额与和解协议约定的赔偿数额趋于一致。

通常，专利侵权损害赔偿额是根据侵权的严重程度确定的，如果要给予专利权人足够的赔偿，以及给予侵权人足够的惩罚来抑制侵权，则侵权性质与情节越严重，法定赔偿额应越多。基于此，提出以下假设。

H6：侵权性质越严重，判决赔偿额越多。

H7：侵权情节越严重，判决赔偿额越多。

8.2　实证分析

8.2.1　变量的选取

由于本研究收集到的专利侵权案件裁判文书没有统一的范式，大部分案件的判决文书都只简单地陈述了参照"专利类型、侵权性质、侵权情节"等因素酌情确定赔偿额，有的甚至没有表述法院斟酌了哪些因素。即使文书中陈述了参考因素，也只是简单地列举了因素，而缺乏对参考因素与赔偿额之间关系的具体说明。所以，我们只能根据文书中可以获得的信息，选取以下研究变量。

选取请求赔偿额变量、原告国籍变量、专利类型变量、《专利法》修改变量，研究其对赔偿额的影响，验证 H1 ~ H4。考虑到法院调解确定的赔偿额是当事人协商一致的结果，在一定程度上反映了市场中专利交易的价格。如果法院判决的赔偿额与法院调解的赔偿额趋于一致，表明判决的赔偿额与市场中专利交易的价格基本相当，因此，用判决赔偿额与调解赔偿额的一致性检验验证假设 H5。侵权的性质可分为制造、使用、销售、进口、许诺销售等，这种分类的意义在于不同的侵权行为承担的民事责任不同。在确定赔偿额时，虽然因侵权人的制造行为侵权判决的赔偿额不一定比销售行为侵权判决的赔偿额多，还要结合侵权的时间、范围、规模等因素综合判断，但是多种侵权行为比一种侵权行为的主观恶性更强、侵权的范围更广、侵权的后果更严重，法院给予专利权人的赔偿额应更多。因此，本研究用侵权行为数量研究侵权性质对赔偿额的影响，验证 H6。侵权人数也是侵权情节的一种。侵权人数越多，法院给予专利权人的赔偿额应越多。由于侵权人数变量在一定程度上可以代表侵权规模、范围，因此，本研究用侵权人数研究侵权情节对赔偿额的影响，验证 H7。

8.2.2　模型设定

参考 Mazzeo 等（2011）的研究，采用多元线性回归模型分析影响专利侵权损害赔偿额的因素，调查专利侵权损害赔偿制度对专利保护的有效性，模型的设定如下：

$$ACT_{it} = \beta_1 + \beta_2 AS_{it} + \beta_3 CO_{it} + \beta_4 TY_{it} + \beta_5 LA_{it} + \beta_6 BE_{it} + \tag{8-1}$$
$$\beta_7 IN_{it} + CON_{it} + \varepsilon_{it}$$

模型（8-1）中 ACT 表示实际赔偿额，AS 表示请求赔偿额，CO 表示原告的国籍，TY 表示专利类型，LA 表示《专利法》修改带来的影响，BE 表示侵权行为数量，IN 表示侵权人数量，CON 表示控制变量，ε 是干扰项。中国人诉中国人的案件赋值为 1，外国人诉中国人的案件赋值为 0；专利类型为发明时赋值为 1，否则为 0，实用新型与外观设计同样赋值；侵权行为发生在 2009 年 10 月 1 日以后的案件赋值为 1，之前为 0。

其中，下角标 i 是地区变量，t 是一审受理的年份变量。由于二审程序是对一审程序的监督与纠正，通常二审法院是根据一审案件的情节、性质、适用法律等考虑一审法院的审理是否公正、有效，旨在提高一审法院的审判质量，而并不是由二审法院重新审理案件，所以笔者将二审中的一审受理年份找出，全部使用一审的受理年份。年份赋值 1~8。表 8-1 是变量的说明与赋值。

表 8-1　变量的说明与赋值

变量	定义	类型	取值
AS	请求赔偿额	数值变量	根据判决文书获取
CO	原告的国籍	分类变量	根据判决文书获取，外国籍为 1，否则为 0
TY	专利类型，分为发明、实用新型、外观设计	分类变量	发明专利赋值为 1，否则为 0；实用新型、外观设计的赋值以此类推
LA	《专利法》修改	分类变量	根据判决文书获取，专利法修改后的判决赋值为 1，修改之前的赋值为 0
BE	侵权行为数量	数值变量	根据判决文书获取
IN	被告人数，也是侵权人数量	数值变量	根据判决文书获取
CON-EN	原告的类别（企业还是个人）	分类变量	根据授权文书获取
CON-TI	侵权时间	数值变量	根据判决文书获取，从侵权人取证到法院一审判决下达为止的年份跨度
REGION	诉讼地区	分类变量	根据判决文书获取，东部地区赋值为 1，否则为 0；中、西部地区的赋值以此类推
YEAR	诉讼年份	数值变量	根据判决文书获取

注：变量与第 4 章表 4-2 中的变量相同。

8.2.3 实证结果与讨论

对公式（8-1）进行回归检验，得到赔偿额的回归结果见表8-2（为了消除量纲的影响以及让方差恒定，将所有变量进行对数变换）。此外，逐步线性回归结果与普通线性回归结果中的变量的显著水平相同，表示回归结果稳健。

表8-2　回归结果

变量	普通线性回归结果	逐步线性回归结果
lnAS	0.556（0.041）***	0.554（0.04）***
CO	−0.275（0.169）	
$TY1$	0.417（0.123）***	0.434（0.114）***
$TY2$	0.269（0.096）***	0.267（0.092）***
LA	0.617（0.141）	
lnBE	0.529（0.109）***	0.518（0.091）***
lnIN	−0.1（0.096）	
lnCON-EN	0.002（0.002）	
lnCON-TI	0.053（0.0838）	
$REGION$-e	0.335（0.116）***	0.351（0.087）***
$REGION$-m	−0.029（0.134）	
$YEAR$	0.053（0.029）*	0.054（0.04）*
常量	−106.48（58.7）*	−110.43（50.619）**
R^2	0.534	0.531
No.	432	432

注：回归结果与表4-4相同。为了避免多重共线性，只放入发明、实用新型、东部、中部。括号中的值为标准误差。*、**、***分别表示在10%、5%、1%的水平上显著。

表 8-2 中逐步线性回归结果显示，专利权人的请求赔偿额与实际赔偿额在 1% 的水平上正相关，说明法院判决的赔偿额受到请求赔偿额的影响，但请求赔偿额的影响系数为 0.554，表明在没有证据支持的情况下，请求赔偿额对实际判决的结果影响有限。所以支持 H1。专利权人举证不力导致了"法定赔偿"的大规模适用，从而引起了专利权人的请求赔偿额与实际赔偿额的相关系数不高。专利权人举证不力的原因主要有两点：其一，专利权人特别是中小企业缺乏知识产权维权意识，不注意保存各类经营单据，甚至为了偷税、漏税故意造假账导致证据链不完整，从而无法适用"专利权人所受损失"与"侵权人所获利润"规则计算赔偿额。其二，专利许可合同签署不规范或者专利权人不能证明被许可人已向自己支付了许可费，导致无法适用"合理许可费倍数"规则计算赔偿额。从根本上讲，我国法院大规模适用"法定赔偿"是我国企业经营不规范、市场不成熟造成的，仅靠完善举证制度不能解决这个问题。随着我国企业经营的规范化、市场的进一步成熟完善，专利权人举证会更加充分合理。但是在目前的情况下，作为一个不能适用其他三种计算规则时的兜底计算规则，"法定赔偿"规则不可或缺。

原告的国籍对实际赔偿额的影响不显著，表明我国的法院对外国籍专利权人与中国籍专利权人在损害赔偿额的问题上一视同仁，不存在差异，不支持 H2。

专利类型与实际赔偿额在 1% 的水平上正相关，支持 H3，说明法院判决的赔偿额受专利类型的影响。专利类型（发明）的影响系数为 0.434，专利类型（实用新型）的影响系数为 0.267，发明专利类型对实际判决的赔偿额有很大影响，这表明法院判决赔偿时，充分考虑了专利质量的影响。一般来讲，专利质量越高，赔偿额也越高；专利质量越低，赔偿额也越低。

　　《专利法》修改对实际赔偿额的影响不显著，表明虽然修订的《专利法》已经实施，但是法院判决的赔偿额并没有显著地提高，法官对新法的反应不敏感，不支持 H4。虽然我国一再修改《专利法》提高专利侵权损害赔偿额，但赔偿额与专利市场价值密切相关，我国涉诉的专利价值总体不高，导致专利侵权损害赔偿额也未显著提高。

　　侵权行为数量与实际赔偿额在 1% 的水平上呈正相关，支持 H6，说明法院判决的赔偿额受侵权行为数量的影响，这表明法院判决赔偿时，充分考虑了侵权行为数量越多，侵权的性质越严重，赔偿额也应该越高。

　　侵权人数量与实际赔偿额不相关，不支持 H7，说明法院判决的赔偿额未考虑侵权人数量的影响。

　　在控制了原告类别、侵权时间、地区、年份变量后，以上的回归结果的显著水平不变。在控制变量中，东部地区与实际赔偿额在 1% 的水平上呈正相关，而中部地区对实际赔偿额的影响则不显著，说明东部地区的专利权人确实得到了比其他地区专利权人更多的赔偿，这有利于经济发达地区对专利权的保护，这是由于我国的地区经济发展不均衡造成的❶。年份对实际赔偿额在 10% 的水平上呈正相关，但影响系数仅为 0.054，说明实际赔偿额随年份增长较慢。但在我国 CPI 不断提高的情况下，专利权人为诉讼支出的费用在增加，而法院各年的赔偿数额没有逐年显著增加，这也不利于对专利权人的保护。

　　用判决赔偿额与调解赔偿额的一致性检验验证 H5，采用独立样本 t 检验法检验法院判决的赔偿额与调解的赔偿额是否趋于一致。由于样本

---

　　❶ 中国是一个地区经济发展不均衡的国家，东部沿海城市早期由于政策的扶持，吸引了大量高新科技企业，如中兴、华为等，这些企业的研发能力强，拥有大量的发明专利，所以东部地区的专利质量较高。

中99%都是"法定赔偿"的案件，检验的范围限定在法定赔偿额与调解赔偿额是否一致上。从对判决赔偿数额与调解赔偿数额的分组描述来看，判决赔偿数额的均值比调解赔偿数额的均值高，见表8-3。进一步对两组数据的方差齐性进行检验，Levene's 方差齐性检验 P 值（Sig.）大于0.05，说明两样本所在总体的方差是齐的，所以使用方差齐时的 t 检验结果，$t = 1.080$，$df = 669$，$P = 0.281$，在 5% 的水平上没有通过检验，支持 H5，检验结果见表8-4。检验结果表明法定赔偿额与调解赔偿额趋于一致。考虑到调解赔偿额在一定程度上反映了专利交易价格，因此推定法定赔偿额基本符合中国市场的专利交易价格。

表8-3　判决赔偿数额与调解赔偿数额的分组描述

分组	样本量/件	均值/万元	标准差	均值的标准误差
判决赔偿数额	546	8.366	13.085	0.560
调解赔偿数额	125	7.018	10.201	0.912

表8-4　t 检验结果

方差齐性	Levene's F 值	Levene's P 值（Sig.）	t	自由度（df）	P 值（Sig.）	均值差值	标准误差值
方差齐	0.421	0.517	1.080	669	0.281	1.349	1.249
方差不齐			1.260	227.667	0.209	1.349	1.071

8.3　结论与建议

本章从美国贸易调查报告中指出的我国专利司法保护有效性欠缺的三个问题出发，选择全国 43 家法院判决、调解的案件为样本，对我国的专利侵权损害赔偿是否有效地保护了专利进行了规范的实证研究。研究发现：专利权人的请求赔偿额、专利类型、侵权行为数量、地区、年份变量对实际赔偿额影响显著；《专利法》修改的影响、国籍变量对实际赔偿额影响不显著；法定赔偿额与调解赔偿额趋于一致。研究结果表明：①专利权人举证的合理性及充分性是影响赔偿额计算规则适用的重要因素。我国的专利权人举证不力是我国企业经营不规范、市场不成熟造成的，但企业、市场的调整需要一个过程，不能一蹴而就。仅以我国缺少"证据开示"（Discovery）制度，得出我国专利侵权损害赔偿制度中存在"举证障碍"的结论过于片面。②我国法院在损害赔偿额的问题上，对外国籍专利权人与中国籍专利权人一视同仁。在损害赔偿额问题上，我国不存在"地方保护主义"。③我国专利的质量偏低是导致专利"侵权损害赔偿额较低"的重要因素之一。④《专利法》修改对赔偿额的影响没有显现。⑤侵权行为数量越多，赔偿额越多，表明侵权性质与情节越严重，赔偿额也越多，法官考虑到了应该给予专利权人充分的保护。⑥东部经济发达地区的赔偿额高，有利于对专利权人的保护；随着年份的增加，我国专利侵权损害赔偿额增长得较为缓慢。在 CPI 逐年上涨的背景下，不利于加强专利保护。⑦专利侵权损害的法定赔偿额与中国市场的专利交易价格基本相当。仅以中国法院赔偿的数额远低于美国法院赔偿的数额得出我国"侵权损害赔偿额较低"的结论比较武断。总的来讲，美国贸易调查的结论存在主观偏见。

基于以上的研究结果，为我国的专利侵权损害赔偿制度的完善以及相关政策的制定提出以下建议：

（1）应该加紧对我国专利保护有效性的研究与评价，回应西方国家对我国专利保护有效性的质疑，防止西方国家以此为借口对我国进行贸易制裁。

（2）应进一步完善专利保护措施，为我国企业的自主创新提供更良好的法制环境；首先，应该建立更科学的专利侵权损害赔偿额评估体系，特别是应进一步完善法定赔偿额的计算规则，量化侵权情节对法定赔偿额的贡献，减少法官裁量时的不确定性。法官判决赔偿时，对比较客观的影响因素，如专利类型、侵权性质等因素比较敏感，而对需要主观判断的因素，如法官较少考虑的浮动性比较大的市场利润因素、专利占整个产品价值比重因素，可在立法中明确规定如何考虑这些因素的影响；对于侵权行为的数量等对赔偿额有显著影响的因素，也可以在立法中明确规定。

（3）应加强对公证、评估行业的立法与监督，提高其业务的质量，以便提高专利权人举证的效率，同时也可大大地提高法院的审判效率、降低审判成本，实现专利侵权诉讼制度与公正制度的契合。

（4）推进裁判文书范式统一的工作。裁判文书应统一规定必须列举哪些影响因素，并指出赔偿数额与参考因素之间的量化关系等。裁判文书的统一工作既是对法官裁判的一种规范，以减少酌情赔偿时的任意性，督促法官认真考虑可能影响赔偿的每一个因素，同时也使审判更加确定、透明，方便当事人和公众监督。

（5）我国企业一方面应提高知识产权维权意识，注意保存各类相关单据，不造假账，以避免因证据链不完整导致的举证不充分。企业在举证时应全面地列举可能影响法定赔偿额的因素，并应详细地说明这些因素所造成的影响、后果，最好能说明造成损失的具体金额。特别应该注意：专利类型，侵权性质，侵权时间，为调查、制止侵权的合理开支，侵权范围，产品的价格、数量，侵权的主观故意程度，专利许可费的数额，专利许可的性质、范围、时间等因素的列举与说明，以便获得更多的赔偿。另一方面也应提高自主创新能力，增加发明专利的比重，提高专利的总体质量。

第 9 章

专利禁令有效性的实证研究

随着我国产业的转型升级，企业间的专利竞争加剧，专利诉讼和专利禁令已经成为企业打击竞争对手、抢占市场的重要武器。与美国的"永久性禁令"法律效果类似的是我国的"停止侵权"，主要是在民法通则、侵权责任法等法律中有规定，但在专利侵权案件的具体适用要件中未见详细、具体的规定。在专利侵权的司法实践中，一旦判定侵权，"停止侵权"会"当然适用"。但是，由于"停止侵权"的规则并不明晰，适用的效果并不理想，不能满足产业的现实需求，长此以往，可能会损害产业的发展，阻碍企业的创新，不利于我国实施创新驱动战略。

本章通过案例研究，比较美国的"永久性禁令"制度和我国的"停止侵权"制度的差异，借鉴美国的"永久性禁令"制度，并结合我国的国情，进一步完善"停止侵权"制度。

9.1 美国"永久性禁令"适用的案例分析

本节通过分析美国的三个经典案例，厘清美国"永久性禁令"制度发展的历史脉络，揭示美国"永久性禁令"适用的要件。

9.1.1 NTP 诉 Research In Motion 案件简介

Research In Motion（RIM）是黑莓智能手机的设计制造商。NTP 则是美国的一家专利公司，该公司拥有 50 项美国专利以及一些还未授权的专利。这些专利或专利申请涉及的领域是无线收发邮件、射频天线技术等。RIM 的黑莓手机中使用了 NTP 公司的技术，侵犯了 NTP 公司的 670 号专利（U. S. Pat 5,625,670）、172 号专利（U. S. Pat 5,819,172）、451 号专利（U. S. Pat 6,067,451）、592 号专利（U. S. Pat 6,317,592）。

2000 年，NTP 曾经向多家公司发出邀约，试图将其持有的无限收发邮件技术进行专利授权，但没有一家公司回复。2001 年，NTP 向美国弗吉尼亚州联邦地方法院提起诉讼，指控 RIM 公司的黑莓手机产品侵犯了 NTP 公司的 5 件专利。2002 年，法院驳回了 RIM 申请法院发出"不审即判 RIM 公司不侵权"的请求以及"宣告上述 5 个专利无效"的请求，同年，陪审团宣告 RIM 公司侵权，并将专利许可费率定为

5.7%，判决 RIM 公司赔偿 2300 万美元。

随后，RIM 公司申请重审此案。2003 年，联邦地区法院驳回了 RIM 公司的申请，并认为 RIM 公司违反《美国法典》的 35U.S.C. 271（a）款。法院准予发出永久性禁令，要求 RIM 公司停止继续制造、使用、进口、销售被控侵权的黑莓系统、软件、手机与服务。

RIM 公司再次上诉，上诉法院支持了 NTP 公司的侵权指控，但缓和了对 RIM 公司不利的判决。因 RIM 公司的上诉，法官暂停了"永久性禁令"。但 2006 年 1 月，RIM 公司再次败诉。

接着，RIM 公司诉至美国最高法院，但美国最高法院驳回了 RIM 公司关于"重审该案和界定美国专利法适用范围"的请求。

最后，在 2006 年 3 月，联邦法院组织召开是否执行"永久性禁令"的听证会，会后通告 RIM 公司，要么执行禁令，要么与原告和解。由于面临关闭服务的危险，RIM 公司被迫于 2006 年 3 月和 NTP 公司达成和解，并支付了 6.125 亿美元的赔偿金。

9.1.2　MercExchange 诉 eBay 案件简介

eBay 公司是著名的提供在线拍卖服务的网站，它可供私人将物品陈列在网上出售，采取拍卖或者定价的方式进行交易。MercExchange 公司持有一些商业方法专利，其主要的三项关于在线拍卖技术的专利，分别是 265 号专利（U.S. Pat 5,845,265）、176 号专利（U.S. Pat 6,085,176）和 051 号专利（U.S. Pat 6,202,051）。

2001 年 MercExchange 公司指控 eBay 公司、eBay 的全资子公司 Half. com 公司以及 ReturnBuy 公司在执行"现在购买"时侵犯了其两项专利权，随即对这三家公司提起诉讼。随后 ReturnBuy 公司先与 MercExchange 公司达成了和解。但 eBay 公司没有提出和解，在专利所有权的权属上也没有争议，而是对 MercExchange 公司起诉专利侵权目的和侵权对 MercExchange 公司造成利益损失的程度提出了异议，eBay 公司认为 MercExchange 公司一直没有使用专利，其申请专利的目的只是起诉其他企业，这是专利钓饵的典型策略，所以 eBay 公司的侵权并没有给 MercExchange 公司造成经营损失。

2003 年，地方法院认为 MercExchange 公司的专利有效，eBay 公司、Half.com 公司对 265 号、176 号专利的侵权成立，MercExchange 公司应获得 3500 万美元的赔偿，但地方法院综合考虑了全案的其他因素，拒绝向 eBay 公司发出"永久性禁令"。

随后，eBay 公司与 MercExchange 公司都向美国联邦巡回上诉法院（简称 CAFC）提起上诉，CAFC 的法官提出应适用专利侵权纠纷的"一般性规则"（General Rule），即一旦专利的有效性和专利侵权被确定后，就应该发出"永久性禁令"。法官 Bryson 认定：①有证据支持 eBay 公司侵犯了 265 号专利；②176 号专利不能依据《专利法》第 102 条的规定无效掉；③051 号专利与上述已判决的事实是无关的。

针对 CAFC 做出的不利判决，eBay 公司请求美国最高法院发出调查令并受理此案。2007 年，美国最高法院在听取 eBay 公司与 MercExchange 公司双方意见以及考虑具体事实后，做出最后裁决：专利侵权成立与否不直接导致"永久性禁令"的发出，而是应该依据衡平原则"四要素检验法"来决定，通过"四要素检验法"适用"永久性禁令"需要考量的因素包括：①原告已经遭受不可挽回的损害；②法律上的救济方式（如金钱损害赔偿）是否无法适当地补偿损害；③在考虑原告、被告双方利弊得失的情况下，此项衡平法的救济方式是有正当理由并且适当的；④公共利益不会因禁令的发出而遭到损害。

9.1.3　z4 诉 Microsoft 案件简介

z4 科技公司的创办人 David Colvin 开发了一款软件，将其安装到电脑后，会执行一定的启动程序，在输入正确合法的认证资料后才能正常使用其他的电脑软件。Colvin 开发的这款软件后来成为一款主流的防盗版软件并申请了 471 号专利（U. S. Pat 6,044,471）与 825 号专利（U. S. Pat 6,785,825）。他将这两项专利只授权给了 z4 科技公司使用。Microsoft 公司、Autodesk 公司未经授权就在其发售的软件商品之中嵌入了这项设计，特别是 Microsoft 公司主要在 Windows 和 Office 两款普及产品中使用了该专利。

z4 科技公司于 2004 年在得克萨斯州东区地方法院对 Microsoft 公司与 Autodesk 公司提起了专利侵权诉讼。地方法院于 2006 年判决 Microsoft 公司与 Autodesk 公司构成故意侵权，分别赔偿 z4 公司 1. 15 亿美元与 1800 万美元。地方法院拒绝了假设——"如果不保护专利权人的排他权，专利权人将受到不可弥补的损害"，相反，法院要求原告承担举证责任，证明"自己受到了不可弥补的损害"。法官 David 引用了 MercExchange 诉 eBay 案中法官的观点，认为"专利侵权损害赔偿已经足够弥补损害，在专利只占公司生产产品的很小一部分时，发出'永久性禁令'是对公共利益的损害"。

Microsoft 公司不服判决提起上诉，CAFC 于 2007 年判决驳回。随后，Microsoft 公司再向 CAFC 请求成立全院联席会议，亦于 2008 年 1 月遭驳回。Microsoft 公司于同年 3 月再向美国最高法院提出移审令的请求，但于同年 5 月 8 日被最高法院裁定为不予受理，至此本案程序全部终结。

9.1.4 案件分析

1. "永久性禁令"制度的动态调整

以上三个案件体现了美国的"永久性禁令"制度逐步完善的过程，从最初"一般规则"的适用到"四要素检验法"衡平原则的适用，充分体现了"永久性禁令"制度对专利权人利益、长远公共利益与即时公共利益的平衡。"永久性禁令"制度的内涵是随着产业、经济、社会的发展而变化的，并非一成不变。

在 NTP 诉 Research In Motion 一案中，美国的"永久性禁令"适用"一般规则"：美国在专利侵权案件中统一推定，专利权是一种财产权，法律授权了专利权人排他性权利，任何人未经同意不得实施，一旦发生专利侵权，专利权人的排他性权利就会受到不可弥补的损害。此时必须发出"永久性禁令"以保护专利权人的利益。

此后，由于专利钓饵的出现，美国的一些产业频繁受到专利钓饵的冲击，对创新造成了损害。因此，在 MercExchange 诉 eBay 一案中，法院依据"四要素检验法"这一衡平原则发出禁令，对专利权人的权利进行一定的限制，保护美国产业不至于受到专利钓饵的过分冲击。这一方面是对消费者公共利益的保护，是对即时公共利益的保护；另一方面，通过限制专利权人的权利、防止专利权滥用，达到激励创新的目的，是对潜在创新者公共利益的保护，是对长远公共利益的保护。在 MercExchange 诉 eBay 一案中，法官对专利钓饵进行了界定，并确立了适用衡平原则"四要素检验法"作为发出"永久性禁令"的依据，在案件中指明了 MercExchange 公司一直没有使用专利，其申请专利的目的是起诉其他企业，所以 eBay 公司的侵权并没有给 MercExchange 公司造成经营损失，损害并不是不可恢复的。最终，法院拒绝发出永久性禁令。MercExchange 诉 eBay 一案被视为美国为防范专利钓饵的诉讼而进行的制度调整。

2. "四要素检验法"的适用要件

在专利侵权案件中，法院在认定专利有效、侵权成立后，会对是否发出"永久性禁令"做出判断。最高法院在 eBay 案之后确立了适用"四要素检验法"作为判断禁令是否应发布的依据。考虑到"四要素检验法"将减少禁令发布的确定性，增加禁令发布的复杂度及增加法官的自由裁量度，可能会损害专利权人的权利，因此，"四要素检验法"有严格的适用要件。"四要素检验法"的适用主要从以下几个方面做出判断：①原告是否遭受了不可恢复的损害（Irreparable Injury）；②法律所提供的救济途径的适当性（Adequacy of Remedies Available at Law）；③原告、被告双方困难的平衡（The Balance of Hardship）；④公共利益（Public Interest）。

由于 z4 诉 Microsoft 一案引用了 MercExchange 诉 eBay 一案确立的"四要素检验法"，所以对于如何判断原告是否已经遭受不可恢复的损害、法律所提供的救济途径是否适当、原被告双方的困难如何平衡、公共利益如何考量等问题，可以通过对 z4 诉 Microsoft 的判决结果进行具体分析得到结论。

关于 z4 科技公司是否遭受了不可恢复的损害，z4 主张：①eBay 案中提及一个最高法院判决［Amoco Production Co.，v. Village of Gambell，Alaska. 480 U.S.531，542（1987）］和 CAFC 在 z4 诉 Microsoft 一案中的意见相同：在专利有效的前提下，一旦专利遭受侵权，就应推定专利权人已经受到了不可恢复的损害。②在本案之前 z4 科技公司已经对专利的商业化做出了很大的努力，而 z4 科技公司没有成功商业化的原因主要是 Microsoft 公司的专利侵权，过去直至未来，z4 科技公司都会因为 Microsoft 公司的侵权而遭受不可恢复的损害，因为 z4 科技公司无法计算出在没有遭受 Microsoft 公司侵权的情况下，z4 科技公司可以获得多少经济利益。

法院认为：①关于 z4 科技公司的第一个主张，法院不认同。"一个最高法院判决"并没有推定原告遭受不可恢复的损害，反之，该案赋予了原告必须证明"自己受到不可恢复的损害"的责任（This language does not imply a presumption, but places the burden of proving irreparable injury on the plaintiff）。②z4 科技公司没有提供足够的理由证明：因为 Microsoft 公司的侵权，潜在的消费者或被授权者丧失向 z4 购买商品或者寻求授权的动力。同样，Microsoft 公司的侵权也并没有排除 z4 产品的上市、销售或者授权。③z4 科技公司的这一技术只是 Microsoft 公司产品的一小部分，而且该技术不是消费者选择购买 Microsoft 公司产品的主要动机。因此，Microsoft 公司在持续侵权的情况下，并不会对 z4 科技公司的市场占有率造成较大影响，或者使消费者对 z4 科技公司的品牌造成混淆。只有"市场占有率的损失"和"品牌被混淆"之类的损害才是无法计算且不可恢复的损害。由此可知，对于原告是否遭受不可恢复的损害，"四要素检验法"的判断规则是：其一，原告需要证明有明确的损害或者因为侵权行为而使消费者或者被授权者主动排除原告的产品或者授权。其二，考虑专利在产品中的贡献度，如果专利只是产品的一小部分并且不是消费者会选择购买该专利产品的主要原因，则原告就并没有遭受不可恢复的损害。其三，侵权造成的损害是"原告市场占有率的损失"或者"品牌被混淆"之类的损害。

关于法律所提供的救济途径的适当性，z4 科技公司称：Microsoft 公司制造、使用、销售含有 z4 科技公司专利的产品对 z4 科技公司造成了巨大的损害，而损害赔偿金的救济无法弥补 Microsoft 公司侵权造成的损害，更不能弥补 Microsoft 公司继续侵权造成的损害。法院认为：美国

《专利法》第 283 条规定，在符合衡平原则下，可以准许发出"永久性禁令"。因此，即便专利权人的排他权受到损害，也应依据衡平原则的"四要素检验法"发出"永久性禁令"；Microsoft 公司的侵权并没有造成不可恢复的损害；Microsoft 公司在 2007 年推出的新版本软件中没有包含这些技术，并且如果旧版本的软件在未来继续侵权使用 z4 科技公司的技术，重新计算 Microsoft 公司应支付的赔偿金也并不困难。综上，z4 科技公司的损害可以用金钱弥补。由此可知，关于法律所提供的救济途径的适当性，"四要素检验法"的判断规则是：现有的救济方式是否确实无法弥补原告遭受的损害，如果损害赔偿金的救济可以弥补损害，那么法律所提供的救济途径就是适当的。

关于原告、被告双方困难的平衡，原告 z4 科技公司要求法院发出的"永久性禁令"包括以下内容：①禁止 Microsoft 公司制造和销售旧版本的软件，直到 Microsoft 公司重新设计软件并将侵权技术排除。②停止提供"辨别盗版服务"的服务器。

被告 Microsoft 公司则认为：①因为旧版软件已经在很多国家发行，总共有 37 种不同语言 450 种不同变化的版本，所以重新设计旧版本的软件并移除侵权技术很困难。②停止服务器，则以前购买了产品的消费者无法辨别软件是正版还是盗版，会影响消费者对正版软件的更新、升级。

法院认为：Microsoft 公司提出的假设很可能发生，如果对 Microsoft 公司下达"永久性禁令"，Microsoft 公司和消费者都将面临很大的困难。显然，z4 科技公司如果未获准法院对 Microsoft 公司发布"永久性禁令"，其面临的困难比 Microsoft 公司面临的困难要小。由此可知，关于原告、被告双方困难的平衡，"四要素检验法"不仅要考虑被告执行禁令的困难，而且要考虑发出禁令对公共利益的影响，如果被告的产品应用范围广泛，执行"永久性禁令"会带来一系列的负面连锁反应，不仅会给被告，而且会给消费者、产业甚至整个社会经济带来巨大的负面影响，则不应该发出禁令。

关于公共利益，法院认为：由于 Microsoft 公司的产品普及全世界，无论个人、公司还是政府、学校等都会使用 Windows 和 Office 软件，如果重新设计软件，将会影响全球的电脑制造商、零售商和消费者，对社会产生巨大的负面影响。因此，地方法院拒绝发出"永久性禁令"。"四要素检验法"的适用在平衡双方当事人的困难时，就已经充分考虑了公共利益。

由此可见，"永久性禁令"不是一味地只考虑公共利益的平衡，而是在充分保障了专利权人利益的基础上，适当地平衡公共利益。对于"永久性禁令"的适用，法院做了细致的考虑，并形成了一系列具体的适用规则。与之相比，我国仅以"公共利益"一条作为判定是否适用"停止侵权"的标准是不够的，这造成我国司法实践中"停止侵权"的当然适用，在没有其他具体适用规则的情况下，适用的效果不理想，无法满足产业发展的需求。此外，"停止侵权"的适用规则过于简陋，可能会造成法官裁量的自由度过大，有可能出现过分强调公共利益而忽视专利权人利益的情形，也可能会出现过分强调专利权人利益而忽视公共利益的情形。

9.2 我国"停止侵权"适用的案例分析

9.2.1 我国停止侵权的适用情况统计

我国的专利侵权诉讼案件，一旦专利被判定侵权，法院基本上都会适用"停止侵权"。2000 年以后，我国法院充当了公共政策抉择和执行的角色，并通过典型案例创制公共政策，所以我国也出现了一些很有代表性的不适用"停止侵权"的案例，皆以"公共利益"为拒绝适用的理由。

在本章调查的案例中，不适用"停止侵权"的判决有四例，见表9-1。这四例判决分别是深圳市斯瑞曼精细化工有限公司诉深圳市康泰蓝水处理设备有限公司与深圳市坪山自来水有限公司、深圳市斯瑞曼精细化工有限公司诉深圳市康泰蓝水处理设备有限公司与深圳市横岗自来水有限公司、深圳市斯瑞曼精细化工有限公司诉深圳市康泰蓝水处理设备有限公司与深圳市坑梓自来水有限公司、深圳市斯瑞曼精细化工有限公司诉深圳市康泰蓝水处理设备有限公司与深圳市平湖自来水有限公司侵犯了其 ZL200610033211.0 号专利。法院最后均以自来水厂涉及"公共利益"为由不适用"停止侵权"（如果判决自来水厂"停止侵权"，就会使公众用水受到影响而损害"公共利益"）进行了判决。

表9-1　未判决停止侵权的案例

序号	案件号
1	广东省深圳市中级人民法院（2009）深中法民三初字第92号民事判决
2	广东省深圳市中级人民法院（2009）深中法民三初字第93号民事判决
3	广东省深圳市中级人民法院（2009）深中法民三初字第94号民事判决
4	广东省深圳市中级人民法院（2009）深中法民三初字第95号民事判决

我国关于"停止侵权"的适用和不适用都规定得非常简单，造成了很大的负面影响：一方面，在我国法院判决"执行难""专利侵权损害赔偿额较低"的背景下，没有对"停止侵权"的适用做出详细的规定，造成了"停止侵权"会"当然适用"而又"当然没用"，侵权人继续侵权的概率仍然很高。另一方面，不适用"停止侵权"只简单地规

定以"公共利益"为依据,而未对"公共利益"进行界定,会减少法院判决的确定性,增加禁令发布的复杂度,增加法官的自由裁量度,不利于对专利的保护和创新的激励。此外,专利钓饵已经进入我国,如果不能进一步完善"停止侵权"的适用规则,极有可能被专利钓饵公司利用而过分地主张专利权,对潜在创新者造成损害,不利于我国创新和经济的发展。

9.2.2 晶源诉华阳案件简介

武汉晶源环境工程有限公司诉日本富士化水工业株式会社、华阳电业有限公司一案就是因为"停止侵权"适用规则不完善而影响了专利权人利益及长期公共利益的典型案例。在武汉晶源环境工程有限公司(以下简称"晶源公司")诉日本富士化水工业株式会社(以下简称"富士化水")、华阳电业有限公司(以下简称"华阳公司")侵犯发明专利权纠纷上诉案[最高人民法院(2008)民三终字第8号民事判决书]中,晶源公司以富士化水和华阳公司侵犯其方法及产品专利为由(仿造烟气脱硫装置并安装于发电机组投入商业运行),向福建省高级人民法院起诉,请求判令二被告停止侵权行为、赔偿损失、消除影响。一审法院认为:富士化水提供给华阳公司的脱硫方法及装置的技术特征全面覆盖了原告专利权利要求的技术特征;因被告据以主张现有技术抗辩的技术方案并非一项完整的技术方案,而且与被诉侵权技术方案不相同、不等同,故该抗辩不成立;二被告均构成专利侵权。遂判令富士化水"停止侵权"并赔偿晶源公司经济损失人民币5061.24万元,华阳公司按实际使用年限向晶源公司支付使用费至本案专利权终止为止。一审判决后,三方当事人均提出上诉。最高人民法院二审认可一审法院有关侵权的认定,同时认为富士化水与华阳公司共同实施了侵权行为，依法应承担连带赔偿责任。遂在维持一审法院其他判项同时改判富士化水与华阳公司共同赔偿晶源公司损失人民币 5061.24 万元。

本案是最高人民法院首次组成五人大合议庭审理的一起知识产权案件。鉴于本案侵权产品已被安装在华阳公司的发电厂并已实际投入运行，若责令被告华阳公司"停止侵权"，则会直接对当地的公共利益产生重大影响，故根据本案具体案情，在充分考虑专利权人利益与公共利益的前提下，一审、二审法院未判令"停止侵权"，而是判令被告按实际使用年限向专利权人支付使用费直至专利权终止。

该案虽然晶源公司胜诉，但是华阳公司对专利侵权行为的否认和舆论误导，造成了"中国没有火电脱硫核心技术而必须依赖外国"的印象，给我国整个行业造成了恶劣影响，在当时国际竞争激烈的中国火电脱硫市场，直接造成了后来全行业被外国技术垄断以及"脱硫整套工艺技术和关键设备从国外引进"的局面。事态发展到后来，武汉晶源公司竟被要求必须得到日本富士化水等外国公司的"专利授权"，否则不得参与国内工程的投标，导致晶源公司丧失了大量的国内、国际市场，作为我国首例开展大型（单机 600MW）火电脱硫工程的晶源公司经济损失惨重。

晶源公司上诉，是因为一审虽然认定被告侵权，但却没有判决两个被告共同承担侵权责任，并且由于中国和日本没有司法协助约定，所以，法院判决由日本富士化水承担赔偿责任的判决实际上是无法执行的。2010 年 1 月，晶源公司向华阳公司发出法律函，要求其在终审判决后的 15 日内履行法定义务，但是华阳公司拒收，晶源公司依法向福建省高级人民法院提出申请执行书。但是福建省高级人民法院并没有确认执行，而是将案件交由福建省顺昌县人民法院执行。与此同时，华阳公司向最高人民法院申诉并申请暂缓执行判决，2010 年 4 月

13日、8月6日，最高人民法院两次做出暂缓执行决定，暂缓期限均为3个月。所以，晶源公司自始至终也没有得到应有的赔偿。

9.2.3 案件分析

晶源公司诉华阳公司一案虽然因为"公共利益"而没有判决被告"停止侵权"，但是由于我国不适用"停止侵权"的标准中对"公共利益"的规定过于简陋，如对"何为公共利益？""如果不适用'停止侵权'，该如何对专利权人实施充分的救济？"等问题没有详细规定，导致了对专利权人保护不力，也损害了潜在创新者的公共利益。下面假设用美国的"四要素检验法"来分析该案，为我国"停止侵权"制度的完善提供借鉴。

首先，原告是否受到了不可恢复的损害？本案中，原告完全有证据证明自己受到了明确的损害，因为侵权行为而使消费者或者被授权者主动排除原告的产品或者授权。考虑到专利在产品中的贡献度，该专利也是消费者会选择购买该专利产品的主要动机。但是，由于华阳公司否认该技术为晶源公司所有且误导消费者，晶源公司竟被要求必须得到日本富士化水等外国公司的"专利授权"，否则不得参与国内工程投标，导致晶源公司丧失大量国内、国际市场，经济损失惨重，已经使晶源公司丧失了巨大的市场份额并对晶源公司的品牌造成了混淆。

其次，法律所提供的救济途径是否适当？本案中，专利侵权损害赔偿金并没有被执行，晶源公司自始至终都未得到赔偿，并且舆论的误导使晶源公司丧失了巨大的市场份额，显然法院判决的金钱赔偿无法弥补晶源公司遭受的损失。

再次，考虑双方执行禁令的困难。华阳公司执行禁令确实会对公众产生一定的影响，但华阳公司并不是当地唯一的电厂，用电公众的公共利益并非无法得到满足；由于中国和日本没有签署司法协助方面的条约，晶源公司要求富士化水执行禁令几乎是不可能的。

最后，考虑"公共利益"。如果不执行禁令，对于我国环保领域的技术创新将造成巨大的负面影响。事实也是如此：由于华阳公司否认专利侵权和误导舆论，在行业内造成了"中国没有火电脱硫核心技术而必须依赖外国"的印象，在当时国际竞争激烈的中国火电脱硫市场，造成了全行业外国技术垄断以及"脱硫整套工艺技术和关键设备从国外引进"的局面，对环保领域的技术创新造成了严重的损害，对我国行业的潜在创新者造成了严重的损害。

如果采用美国的"四要素检验法"判断，该案很可能被判决"停止侵权"。从以上分析中不难看出，我国不适用"停止侵权"时仅仅简单地以危害"公共利益"为由是不合适的，会导致公共利益过于放大，不利于对专利权人和潜在创新者的保护，影响产业和经济的发展。

美国"永久性禁令"制度考虑了专利权人利益、与专利权人利益相对立的即时公共利益、潜在创新者的公共利益，力求实现这三种利益的平衡。NTP 诉 Research In Motion 一案中，"永久性禁令"对专利权人利益的过度保护损害了即时公共利益和潜在创新者的公共利益，所以美国法院采用"四要素检验法"限制禁令的发布，限制专利权的扩张，加强对即时公共利益和潜在创新者公共利益的保护。而我国的"停止侵权"制度主要考虑了专利权人的利益、与专利权人利益相对立的即时公共利益，并力求实现这两者的平衡。我国适用"停止侵权"时未明确将行业"潜在创新者的公共利益"作为考量因素。我国"停止侵权"的适用规则还不完善，造成了对专利权人利益保护较弱、对行业潜在创新者的激励不足。无论是"停止侵权"制度还是

"永久性禁令"制度，都是为了给予专利权人充分的保护又适当平衡公共利益，应该综合考虑我国的创新、产业、经济发展的状况，借鉴美国的"永久性禁令"制度，参照"四要素检验法"进一步完善我国的"停止侵权"制度。

此外，鉴于专利钓饵已经进入我国，很可能会发起大规模的专利诉讼，而"停止侵权"制度的完善需要一定的时间，所以，短时间内如果要防范专利钓饵的诉讼，企业应该通过交叉许可、购买专利等方式增强企业的专利储备，可以在一定程度上加强对专利钓饵的防范。

9.3 对我国制度完善的启示与建议

9.3.1 研究启示

美国的"永久性禁令"制度对于我国"停止侵权"制度的完善具有以下启示：

（1）美国的"永久性禁令"适用规则的调整是与产业、经济的发展相适应的。由于美国是判例法国家，可以通过法院的判决创设和调整"永久性禁令"的适用规则，从而使"永久性禁令"制度与产业、经济的发展相适应。我国是成文法国家，可以通过司法解释、最高法院发布的指导性案例实现对我国"停止侵权"适用规则的调整，使我国的"停止侵权"制度与产业、经济发展水平相适应。

（2）美国的"永久性禁令"制度的基本价值观以专利权人的保护、

长远公共利益保护为根本目标，兼顾对即时公共利益的平衡，在考虑专利权人利益的同时，也考虑了行业潜在创新者的公共利益，即一种长远公共利益。

（3）美国的"永久性禁令"制度详细规定了"永久性禁令"的适用规则，适用规则的规定包括以下价值判断：专利权人利益是否受到损害；给予专利权人禁令以外的救济是否充分；潜在的创新者（长远公共利益）是否受到了损害；即时公共利益与专利权人利益是否得到平衡；专利权人利益与潜在的创新者（长远公共利益）是否得到平衡，等等。

（4）美国的"永久性禁令"执行效果显著。美国永久性禁令对侵权人的惩罚非常严厉，如果被告违反"永久性禁令"，专利权人可以启动民事藐视程序直至刑事藐视程序，民事与刑事程序的衔接，使被告人不得不执行禁令。此外，"永久性禁令"的惩罚力度大有效地避免了继续侵权，使专利权得到了充分保护。

（5）美国健全的专利交易市场机制在一定程度上疏解了"永久性禁令"的负面影响。由于专利交易市场健全，所以很多企业通过交叉专利许可、购买专利等增强专利储备的方式防范专利钓饵的诉讼，避免在专利诉讼中败诉，减少"永久性禁令"带来的负面影响。

9.3.2　制度完善建议

对于完善我国"停止侵权"制度，建议如下：

（1）完善停止侵权的适用标准。我国"停止侵权"的适用规则还较为简陋，可参照美国的"永久性禁令"制度中的"四要素检验法"对我国"停止侵权"制度进行完善：对"专利权人的损害"进行明确界定；考虑现有救济的适当性；考虑专利权人和侵权人执行禁令的困难；考虑公共利益，既包括即时公共利益，又包括长远公共利益。特别是在专利钓饵进入我国后，在平衡专利权人利益和公共利益时，还应该防范专利钓饵滥用专利权，从而防止对我国潜在创新者的利益造成损害。

（2）加大对"停止侵权"的执行力度，使"停止侵权禁令"能够落到实处。加大法院对"停止侵权"的执行力度，可以参照美国的方式，将民事程序与刑事程序衔接，如果被告始终拒不执行禁令，情节严重，应该对主要的责任人员追究刑事责任，使"停止侵权"能真正落到实处；在不执行"停止侵权"的情形下，要确保专利权人得到充分的专利侵权损害赔偿金。

第 10 章 ▶

专利司法保护强度量化模型
构建及实证研究

我国正在积极地、大幅度地提升专利司法保护强度，2018 年 12 月，《专利法修正案（草案）》提交十三届全国人大常委会第七次会议审议，大幅提升专利侵权赔偿额，将法定赔偿的低限由 1 万元提升到 10 万元，高限由 100 万元提升到 500 万元，并且对于故意侵权增加了惩罚性赔偿，这是我国提升专利司法保护强度的重要信号。此次拟订的调整幅度巨大，必然会对产业经济的发展造成较大影响，因此，构建专利司法保护强度的量化分析模型并研究其对产业经济的影响，对于评估我国专利司法保护的有效性，评价专利司法保护强度对于产业转型升级的作用，具有重要的战略意义和现实意义。

专利司法保护强度量化模型的构建是测量我国专利司法保护强度、研究专利司法保护强度对产业经济影响的前提，但关于我国专利司法保护强度量化模型的研究还存在不足。国外学者主要利用以立法指标作为测度的 G-P 模型及其改进模型来衡量专利司法保护强度，但研究表明以立法指标作为测度的 G-P 模型不适用于我国专利司法保护强度的测量；国内学者主要采用专利诉讼结案率、律师比例、侵权案件量与专利授权量的比值等指标衡量专利司法保护强度，仅从局部层面衡量专利司法保护强度，没有考虑赔偿额提高对专利司法保护强度产生的影响。鉴于赔偿额是影响专利司法保护强度的重要因素，也是国家调整专利司法保护强度的重要政策杠杆，必须将赔偿额以适当的方式纳入专利司法保护强度中。

综上所述，关于专利司法保护强度的测度模型，国外提出的相关模型仅适用于欧美发达国家，缺乏适用于我国的专利司法保护强度量化模型，国内的学者仅从局部层面衡量专利司法保护强度，没有考虑赔偿额提高对专利司法保护强度产生的影响。针对以上问题，本章拟从以下几个方面开展研究：在专利司法保护对企业专利决策行为影响机理的研究基础上，提取关键参数，建立能够评价我国专利司法保护强弱的专利司法保护强度模型；基于提出的专利司法保护强度模型，利用手工整理的 14000 多件专利侵权案例，得到我国 2005—2016 年专利司法保护强度；结合以上的研究结论，提出优化我国专利司法保护强度的政策建议。

10.1　专利司法保护强度量化模型构建

通过理论分析新进入某产业领域的企业的专利决策过程，构建我国专利司法保护强度的量化分析模型。在第 3 章的研究中得出，新进入某产业领域的企业一般会采用购买专利许可、侵权、自主创新、退出市场四种专利决策模式。经济学研究表明：企业采用何种专利决策模式，主要取决于该策略下企业的净利润的期望值的大小。因此，企业专利决策行为的分析可以转化为企业净利润的分析。研究表明影响企业净利润的重要因素包括：专利许可费 LF，专利侵权赔偿额 d，专利研发费用 $R\&D_{ia}$，技术已经被其他企业申请专利的概率 p_{pM}，存在专利而检索不到的概率 p_{pM}'，在存在专利而检索不到的情况下采用该技术被起诉判赔的概率 p_{pD}，检索费用 x。

专利侵权赔偿额 d 的大小在一定程度上反映了专利许可费 LF、专利研发费用 $R\&D_{ia}$ 的高低。三个概率 p_{pM}、p_{pM}'、p_{pD} 主要反映该技术所在行业的饱和度，以及当专利侵权发生时，M_{old} 选择起诉的倾向性。这三个参数可由专利申请数量、侵权案件数来表征。鉴于此，本章构建了我国专利司法保护强度的量化分析模型。该模型不仅考虑诉讼样本占专利申请量的比率，而且考虑样本赔偿额的影响，能够综合反映专利司法保护强度的动态演变。模型如下：

$$Q = \left(\sum_{i=1}^{N} d_i + \sum_{j=1}^{M} c_j \right) / (I+U+D) = \left(\sum_{i=1}^{N} d_i + \sum_{j=1}^{M} c_j \right) / m = \frac{N+M}{m} \bar{d}$$

其中，Q 是专利司法保护强度；d_i 是法院判决的侵权案件样本中第 i 个案件的赔偿额；N 是判决案件样本总数；c_j 是法院调解的侵权案件样本中第 j 个案件的赔偿额；M 是调解案件样本总数；I 是发明授权量；U 是实用新型授权量；D 是外观设计授权量；m 为授权专利总数；$\bar{d}$ 为样本中判决案件和调解案件赔偿额的均值（平均专利侵权损害赔偿额）。

从以上模型可以看出，专利司法保护强度 Q 取决于侵权案件数占总授权专利数的比值 $\dfrac{N+M}{m}$ 与平均专利侵权损害赔偿额 $\bar{d}$ 的乘积。当 $\bar{d}$ 变化很小时，Q 正比于 $\dfrac{N+M}{m}$，这正是一些国内学者提出的用专利数量表征专利司法保护强度的测度模型。但在我们的模型中还有一项平均专利侵权损害赔偿额 $\bar{d}$，它可以用于表征专利侵权损害赔偿额的影响。在我国科技产业发展迅猛的背景之下，平均专利侵权损害赔偿额 $\bar{d}$ 在不断提高，因此，该模型能够更全面地反映出专利司法保护强度的动态演变。

10.2　我国专利司法保护强度的测度

鉴于专利司法保护强度量化模型包括诉讼案件量、专利授权量、赔偿额等重要参数，因此，以国家知识产权局公布的专利授权量数据、《知识产权保护白皮书》统计的诉讼案件量数据，以及 2005—2016 年北大法宝数据库收录的专利诉讼案件为样本进行实证研究，对我国专利司法保护强度进行测量。北大法宝数据库中收录了最高人民法院公开的专利诉讼案件文书，搜集到 2005—2016 年专利侵权诉讼案件共 14049 件，通过手工整理后获得每个案件的赔偿额，然后统计计算出每一年份的平均赔偿额。表 10-1 显示了统计得到的专利授权量、诉讼案件量、平均赔偿额等参数，以及据此计算得到的我国专利司法保护强度。

表 10-1　我国专利司法保护强度的测算情况

年份	专利授权量/件	诉讼案件量/件	平均赔偿额/元	专利司法保护强度
2005	171619	2947	63800	1096
2006	223860	3196	115284	1646
2007	301632	4041	90298	1210
2008	352406	4074	103389	1195
2009	501786	4422	158691	1398
2010	740620	5785	85000	664
2011	883861	7819	79045	699
2012	1163226	9680	83521	695
2013	1228413	9195	87717	656
2014	1209402	9648	78196	623
2015	1596977	11607	81959	595
2016	1464115	12357	97018	818

注：表中诉讼案件量为《知识产权保护白皮书》公布的统计数据，平均赔偿额根据本书搜集到的 14049 件案件计算所得。

图 10-1 所示为统计得到的专利司法保护强度随年份的变化。图中有两条曲线，一条采用的是本章的模型，另一条采用的是李黎明（2016）的模型。从图中可以看出，总体上两条曲线的专利司法保护强度都呈现下降的趋势，但是本章模型曲线在 2006 年、2009 年、2016 年三个年份呈现出了明显的上升，文献模型曲线在 2006 年、2009 年呈现

下降趋势，而在 2016 年略微上升。考虑到 2006 年我国公布了第三次《专利法》修改草案，将法定赔偿额下限由 0.5 万元调整到 1 万元，上限由 50 万元调整到 100 万元，2009 年我国的新《专利法》（第三次修改）实施，专利保护强度也明显提高，2015 年我国公布了《专利法修订草案（送审稿）》，将法定赔偿额下限由 1 万元调整到 10 万元，上限由 100 万元调整为 500 万元，增加惩罚性赔偿，因此本章的模型体现出了《专利法》的三次修改对专利司法保护强度的影响，而文献中的模型未能体现《专利法》的修改带来的影响。考虑到修改《专利法》的赔偿额是我国调整专利司法保护强度，以便使其与科技、经济发展相适应的重要政策杠杆，因此，相比文献中的模型，本章模型不仅可以反映出专利司法保护强度随年份的变化趋势，而且还可以有效评估《专利法》中赔偿额的调整对于专利司法保护强度的调节效果，具有明显优势。

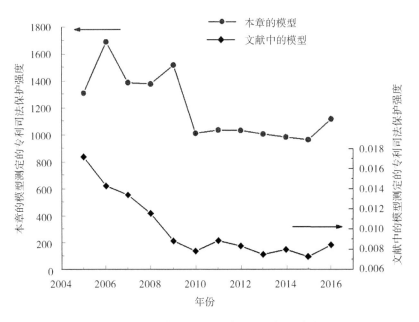

图 10-1　我国专利司法保护强度随年份的变化

10.3　专利司法保护强度优化的政策

通过分析专利司法保护对企业专利决策行为的影响，提取关键参数，构建了专利司法保护强度的量化模型，将该模型应用于实证分析，结果表明：我国《专利法》的修改会在短期内显著地提高专利司法保护强度，引起专利司法保护强度的向上波动，但专利司法保护强度总体上呈现下降趋势。该模型可以更全面地反映出专利司法保护强度的动态演变，有效评估《专利法》的调整对于专利司法保护强度的调节效果。

结合研究结论，提出优化专利司法保护强度的政策建议：

（1）加强专利司法保护强度的评估和调节。针对产业界提出的专利司法保护强度太弱的问题，从学术界的角度，针对我国的国情，展开专利司法保护强度量化模型及实证研究，更加有效地评估我国的专利司法保护强度，为调节专利司法保护强度提供依据。从政府的角度，展开专利司法保护强度的评估、调研工作，完善专利司法保护制度。例如，赔偿额是反映专利司法保护强度的重要因素之一，我国的平均赔偿额较低。通过"完善赔偿计算规则""完善举证制度""减少法定赔偿额的自由裁量"等手段，破解"大规模适用法定赔偿""举证难""法定赔偿额的自由裁量权过大"等难题，解决平均赔偿额较低的问题，提高专利司法保护的有效性。

（2）加强专利司法保护强度对产业经济的影响研究。专利司法保护强度对专利密集型产业和非专利密集型产业的影响有较大的差异。考虑到我国产业处于转型升级阶段，各产业的发展水平极不均衡，应进一步衡量专利司法保护对不同产业专利保护的有效性。针对专利密集型产业和非专利密集型产业的差异性，提出合理的调节手段。例如，评估不同产业的专利价值与专利侵权赔偿额的匹配度，从法律上进一步明确产业的专利价值与赔偿额的一致性。可制定《各主要产业的专利许可费标准指南》，作为法院判定不同产业专利侵权赔偿额的参考，减少自由裁量，以此调节不同产业的专利司法保护强度。

（3）开展专利司法保护强度的动态优化研究。在我国提出建设创新型国家的背景之下，专利司法保护强度的调整明显滞后于经济、科技水平的快速发展。基于适用于不同产业的专利司法保护强度量化模型，采用实证方法，研究各主要产业的专利司法保护强度及其影响因素，充分利用大数据、人工智能算法等技术手段，预测我国专利司法保护强度的变化趋势，提出平滑渐变的动态调整方案，避免因专利司法保护强度调整的突变性和时滞性产生的对创新的阻碍。

第 11 章

专利司法保护强度对
产业经济的影响研究

随着我国"一带一路"倡议的实施以及产业转型升级步伐的加快，我国企业逐渐在高端技术领域与全球企业展开竞争，并在某些技术领域形成了竞争优势。中美经贸摩擦体现出中美两国在高新技术领域的科技竞争显著增强，2018 年，美国总统特朗普签署总统备忘录，依据《特别 301 报告》，将对从中国进口的 1333 项商品加征 25% 的关税，其中主要针对中国的信息和通信技术、航天航空、机器人、医药、机械等产业的产品征税，这标志着新一轮中美经贸摩擦全面升级。从美国对中国加征关税的领域来看，主要是针对中国贸易顺差并不显著的高新技术领域，特别是"中国制造 2025"战略布局的十大重点技术领域。2018 年发布的《特别 301 报告》更是在开篇便直接指出"中国制造 2025"是为了在高技术、新技术领域赶超美国。美国以知识产权保护为借口挑起新一轮经贸摩擦，其根本目的是压制"中国制造 2025"，遏制中国高新技术的发展，保持其全球技术领先者的地位。中国只有逐步完善知识产权保护制度，加强知识产权保护，提高自主创新能力，才能提高经贸谈判的筹码，从根本上解决经贸摩擦中的知识产权争端。在此背景之下，本章聚焦于专利司法保护强度对产业经济的影响研究，具有以下重要意义：从政府层面看，专利司法保护水平的调整必须基于本国国情，发达国家以"美国化""西方化"的标准评价中国的专利司法保护水平是极不恰当的。鉴于我国产业发展的速度和现状都与典型西方发达国家迥然不同，本章研究我国高新技术领域典型产业的知识产权现状和知识产权保护现状，为我国专利司法保护水平的调整、专利保护战略的制定提供参考。从产业层面来看，中美经贸摩擦必然会对我国相关产业的企业造成巨大冲击，对我国产业的创新活动、专利战略造成直接或间接的影响。本章在上一章专利司法保护强度量化分析模型构建的基础上，研究专利司法保护强度对我国产业经济的影响，这对于评估我国专利司法保护的有效性，评价专利司法保护强度对于产业转型升级的作用，促进我国的产业转型升级具有重要的战略意义和现实意义。

关于专利司法保护强度对产业经济的影响，国外学者展开了一定量的研究，Thompson（1996）、Maskus（2000）、Braga（2000）的研究表明专利司法保护强度与国家经济发展的关系存在一个阈值，其中，Thompson（1996）采用回归分析发现，当国家的人均 GDP 小于 3400 美元（1980 年等效购买力）时，专利保护强度与经济发展没有显著关系，而当国家的人均 GDP 大于 3400 美元时，专利保护强度与经济发展正相关，Maskus（2000）的研究也有类似的发现。Gould 和 Gruben（1996）发现，在封闭的经济条件下，较强的知识产权保护没有达到预计的鼓励创新和促进经济增长的效果，而在开放的经济条件下，较强的知识产权保护会达到激励创新和促进经济增长的效果，总体来说，国家的贸易开放程度与专利保护水平呈现正相关性。Thompson 和 Rushing（1996）发现较低教育水平和 R&D 投入的国家一般不会选择强专利保护模式，因为这些国家受限于较低教育水平和 R&D 投入，强专利保护模式并不会激发出创新，反而会因知识产权私有的排他权特征，造成知识和技术扩散的壁垒效应，从而阻碍创新，延缓经济的发展。专利司法保护强度不仅对总体的产业经济具有影响，而且对于不同类型的产业影响也不尽相同（Gregory，2007；Bessen 和 Meurer，2008）。专利密集型产业是单位就业人数的发明专利数量高于所有产业整体平均水平的产业（Raghu 等，2007），欧美发达国家的经验表明，专利密集型产业对社会经济发展做出了重要贡献，对于实施创新驱动发展战略、实现产业转型升级、推动经济持续增长都有着重要作用。研究表明，专利司法保护强度对专利密集型产业及非专利密集型产业的影响效果有明显差异（Reiztig 等，2007；Shapiro，2010；ESA，2012）。关于专利司法保护强度对产业经济的影响，国内学者的研究还较少，众多学者主要分析了专利产出与科技、经济发展之间的关系（张继红和吴玉鸣，2007；马虎兆，2012；贾俊生等，2017），缺乏我国专利司法保护强度对产业经济影响的研究，缺乏我国专利司法保护强度对不同类型产业影响的研究。仅李黎明（2016）采用"法院受理的专利案件量/专利授权量"的量化分析模型进行了初步探索，但其采用的模型过于简化，未考虑赔偿额的影响。综上所述，对于专利司法保护强度对产业经济的影响的研究还存在不足之处：国外主要针对司法保护强度较为稳定的发达国家，以及典型的欠发达国家，较少有针对中国专利司法保护强度对科技、经济发展影响的研究。国内的研究主要集中于专利产出与产业经济的关系，仅有少量学者开始研究专利司法保护强度对产业经济的影响,但采用的专利司法保护强度模型没有考虑专利损害赔偿额的影响,模型过于简化。

针对以上问题,本章拟从以下几个方面开展研究:对工业机器人和智能汽车产业的知识产权现状和知识产权保护现状进行调研,揭示我国典型产业发展的现状和知识产权保护现状;以官方公布的产业数据为样本,运用回归分析,研究我国专利司法保护强度对专利密集型产业和非专利密集型产业的利润等指标的影响,揭示我国专利司法保护强度对产业和经济的影响;结合以上的研究结论,在我国产业知识产权保护和专利司法保护强度优化方面提出政策建议。

11.1 我国典型专利密集型产业的专利现状以及专利保护存在的问题

——以工业机器人和智能汽车产业为例

对"中国制造2025"涉及的两个典型的专利密集型产业——工业机器人和智能汽车的专利进行检索分析,调研典型产业的专利现状。工业机器人产业和智能汽车产业在一定程度上代表了我国传统制造业的转型、支柱产业智能化升级的情况,具有代表性,可以反映出"中国制造2025"布局的高新技术产业的技术发展现状和存在的问题。

11.1.1 专利申请量呈现指数型增长态势

我国高新技术产业的技术发展迅猛,专利数量增长飞速,部分产业的专利数量已经开始赶超美国、日本,并呈现指数型增长态势,形成了一定的竞争优势，已经成为全球企业投资的热点，但对我国的企业来讲，未来可能面临更加激烈的市场竞争。图 11-1 和图 11-2 分别是对 2009—2018 年中国、美国、日本三国工业机器人和智能汽车领域专利累计申请量的对比。从图中可以看出，中国的工业机器人专利累计申请量在 2014 年以前低于美国、日本的累计申请量，但美国、日本的累计申请量呈平稳的上升趋势，而中国的累计申请量呈加速的指数上升趋势，特别是 2015—2018 年增长迅猛，远超美国、日本的累计申请量。智能汽车的专利累计申请量增长态势与工业机器人的类似，美国、日本的累计申请量呈现平稳上升态势，中国在 2015—2018 年累计申请量呈现指数上升态势，远超美国、日本。

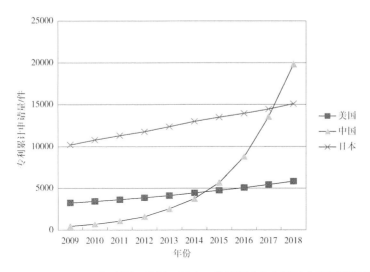

图 11-1　2009—2018 年中国、美国、日本工业机器人专利累计申请量增长历程

注：在 DWPI 数据库中检索获得，检索关键词参见：陈小莉. 工业机器人产业专利竞争态势 [J]. 科学观察，2016，11 (2)：12-23.

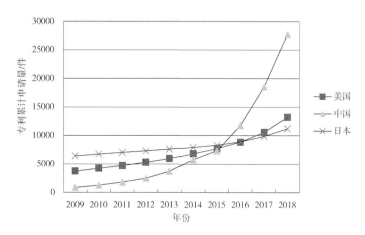

图 11-2　2009—2018 年中国、美国、日本智能汽车专利累计申请量增长历程

注：在 DWPI 数据库中检索获得。

11.1.2　专利多而不强，集中在应用技术领域

我国高新技术产业的专利研发与发达国家相比仍有不小的差距，专利多而不强，绝大多数国内企业自主创新能力不足，处于产业链的中、下游，研发能力有待进一步提高。对工业机器人排名前十位的国际专利分类（IPC）小类分析，结果见表 11-1。

**表 11-1　截至 2018 年工业机器人 IPC 小类在中国、美国、
德国、日本、韩国的专利累计申请量排名**

排名前十位的 IPC 分类	申请量 /件	IPC 小类的申请量排名前五位的国家				
		1	2	3	4	5
B25J 机械手	20532	日本	中国	韩国	德国	美国
B23K 钎焊或脱焊	9207	中国	日本	韩国	德国	美国

排名前十位的 IPC 分类	申请量/件	IPC 小类的申请量排名前五位的国家				
		1	2	3	4	5
B65G 运输或贮存装置	3726	中国	日本	韩国	德国	美国
G05D 非电变量的控制或调节系统	3120	日本	中国	美国	韩国	德国
B23Q 机床的零件、部件或附件	1870	日本	中国	德国	美国	韩国
G06F 电数字数据处理	1770	美国	日本	韩国	中国	德国
B62D 机动车	1613	中国	日本	美国	韩国	德国
F16H 传动装置	1255	日本	中国	美国	韩国	德国
B24B 用于磨削或抛光的机床	1162	中国	日本	美国	德国	韩国
B05B 喷射装置	1054	中国	日本	德国	美国	韩国

注：由于篇幅所限，仅列出对工业机器人中专利累计申请量排名前十位的 IPC 小类分析结果。

专利申请主要集中在应用技术领域，处于产业链的中、下游。IPC 小类排名前三位的专利申请分别是机械手（B25J）、钎焊或脱焊（B23K）、运输或贮存装置（B65G）。但是在高端技术电数字数据处理（G06F）领域，中国的技术较为薄弱。比较机械手和电数字数据处理两个技术领域中国、美国、德国、日本、韩国的专利累计申请量。截至 2018 年，机械手小类五国的相关专利累计申请量排名依次是日本、中国、韩国、德国、美国，日本、中国的申请量远多于韩国、德国、美国。电数字数据处理小类五国的相关专利累计申请量排名依次是美国、日本、韩国、中国、德国，美国的相关专利最多，中国的相关专利低于前三名国家，仅略多于德国。

中国在应用技术领域的产业比较优势比较明显。表 11-1 中的专利排名反映了各国产业的比较优势。对于工业机器人领域，技术优势最强的三个国家是日本、美国、中国，但这三个国家的发展战略、特色之处存在明显差异。日本是世界最大的工业机器人制造商，2016 年，日本的工业机器人制造商占据了全球供应量的52%。日本的工业机器人技术基本在全产业链上都有布局且技术优势明显,其技术发展的系统性、全面性强于中国、美国。中、美两国受多重因素的限制,只在工业机器人的特定方面具有比较优势,美国主要是在基础研发领域——工业机器人芯片、电数字数据处理等技术领域保持领先,中国主要是在应用技术——焊接、热切割、激光加工和运输或贮存装置等应用领域保持领先。

11.1.3 专利资源集中在科研机构,企业研发能力偏弱

通过对工业机器人、智能汽车全球专利累计申请量排名前20位的机构和中国排名前20位的机构的比较(见表11-2和表11-3)发现:工业机器人领域的大部分专利由发达国家掌握,主要是国外企业掌握,中国的相关技术由高校、科研机构掌握,仅有国家电网、新松、埃斯顿、拓斯达四家企业进入了中国专利申请量前20位的排名;与工业机器人类似,智能汽车领域的大部分专利也由发达国家的企业掌握,但国家电网、百度在线网络技术(北京)有限公司等中国企业经过多年的技术积累,进入了全球专利申请量前20位的排名。中国的相关专利主要由高校、科研机构掌握,企业的研发能力相对较弱。

表 11-2 截至 2018 年工业机器人领域专利 累计申请量全球和中国排名前 20 位的机构

排名	全 球		中 国	
	机构名称	申请量/件	机构名称	申请量/件
1	三星电子株式会社	1088	广西大学	168
2	安川电机	866	华南理工大学	154

续表

排名	全　球		中　国	
	机构名称	申请量/件	机构名称	申请量/件
3	发那科株式会社	799	上海交通大学	114
4	ABB 集团	731	清华大学	110
5	松下电器产业株式会社	553	国家电网有限公司	91
6	精工爱普生公司	441	浙江大学	88
7	本田株式会社	432	哈尔滨工业大学	86
8	三菱电机株式会社	430	新松机器人自动化股份有限公司	84
9	丰田株式会社	411	燕山大学	83
10	不二电机工业株式会社	379	天津大学	70
11	库卡机器人有限公司	358	江南大学	64
12	日本电装株式会社	331	北京航空航天大学	53
13	川崎重工	318	浙江工业大学	53
14	村田机械	315	华中科技大学	46
15	日本神户钢铁公司	309	南京埃斯顿自动化股份有限公司	41
16	日立株式会社	267	中国科学院自动化研究所	38
17	日产汽车公司	263	东南大学	37
18	索尼公司	239	大连理工大学	37
19	韩国现代集团	185	武汉理工大学	34
20	广西大学	168	广东拓斯达科技股份有限公司	34

表 11-3 截至 2018 年智能汽车领域专利
累计申请量全球和中国排名前 20 位的机构

排名	全球		中国	
	机构名称	申请量/件	机构名称	申请量/件
1	丰田自动车株式会社	689	国家电网有限公司	360
2	国际商业机器公司	508	百度在线网络技术（北京）有限公司	172
3	松下知识产权经营株式会社	500	北京航空航天大学	154
4	戴姆勒股份公司	394	华为技术有限公司	140
5	本田株式会社	390	北京控制工程研究所	139
6	福特全球技术公司	381	浙江大学	131
7	博世有限公司	374	哈尔滨工业大学	112
8	国家电网有限公司	360	北京理工大学	107
9	日立株式会社	355	清华大学	100
10	三星电子株式会社	349	华南理工大学	88
11	日本电气株式会社	293	吉利汽车集团	86
12	三菱电机株式会社	266	武汉理工大学	84
13	NTT 都科摩株式会社	264	南京航空航天大学	80
14	日本电装株式会社	260	西北工业大学	76
15	西门子公司	254	中国电子科技集团公司	75
16	通用汽车环球科技运作有限责任公司	251	上海交通大学	74
17	艾罗伯特公司（美国）	217	中兴通讯股份有限公司	56
18	谷歌	198	电子科技大学	32
19	夏普株式会社	196	上海汽车集团股份有限公司	25
20	百度在线网络技术（北京）有限公司	172	中国科学院自动化研究所	24

11.1.4　我国典型专利密集型产业知识产权保护存在的问题

（1）专利申请量的急剧增长给知识产权保护带来挑战。工业机器人和智能汽车产业领域的专利申请量急剧增长反映了我国高新技术产业迅猛发展，这也给知识产权的保护带来了挑战。这种挑战主要体现在专利审查、专利诉讼、行政执法等方面。呈指数型增长的专利申请量，首先，对国家的专利审查部门造成较大压力，需采取相应措施，在现有审查资源的基础上，平衡好审查质量和审查效率的关系，既不积压专利，又能保证专利审查的质量；其次，急剧增长的专利申请带来了专利诉讼案件数量的急速增加，给司法系统造成了较大压力，需采取有效措施缓解专利诉讼案件的积压问题。

（2）产业的转型升级亟须完善知识产权保护制度。我国工业机器人和智能汽车产业的专利申请主要集中在应用技术领域，基础研发领域相对薄弱。专利资源集中在科研机构，作为市场主体的企业研发能力偏弱。随着"中国制造2025"持续推进，产业的转型升级刻不容缓。产业的转型必然迫使企业在基础、核心技术领域寻求突破，企业需投入更多的人力和资金，从而获取基础、核心技术的专利。而为保证基础、核心技术专利数量逐步增长，亟须逐步增强专利保护强度。否则，在较低的专利保护强度下，投入大量研发成本而获取基础、核心专利权的企业，可能面临收不回成本的困境，从而对产业的转型升级造成不利影响。在此背景下，亟须完善知识产权保护制度。首先，对于专利司法保护制度，亟须解决赔偿额较低、赔偿额计算规则不够细化、法官自由裁量等问题。其次，应充分应用行政保护和司法保护相结合的双轨制制度，对于高质量、高价值的专利，需帮助申请人快速获取专利权,更有效地利用司法、行政保护维护专利权。对于打击假冒、盗版、侵权,充分发挥行政保护的作用。

11.2 专利司法保护强度对
产业经济影响的实证分析

为进一步研究专利司法保护强度与产业经济发展的关系,本章拟从国家宏观经济和产业经济数据入手,分析专利司法保护强度与产业经济发展之间的关系。选取表征产业经济发展水平的指标包括 GDP、R&D、进出口总额、产业利润,为了减少量纲差异的影响,本章拟对以上指标取对数进行分析。

GDP 是国民经济核算的核心指标之一,也是衡量一个国家或地区总体经济状况的重要指标。因此,对 2005—2016 年我国的 GDP 进行了统计,并对专利司法保护强度与 GDP 的相关性进行了回归分析,图 11-3 是我国专利司法保护强度、GDP 随年份的变化,专利司法保护强度与 GDP 相关性的回归分析结果见表 11-4。从图 11-3 中可以看出,GDP 总体随年份呈上升趋势,但是专利司法保护强度呈现波动下降趋势。表 11-4 的回归分析结果显示,专利司法保护强度变量对 GDP 没有显著影响,研究结果印证了 Thompson 和 Rushing (1996) 的研究结论:当人均 GDP 较低时,专利司法保护强度与 GDP 没有显著相关性。

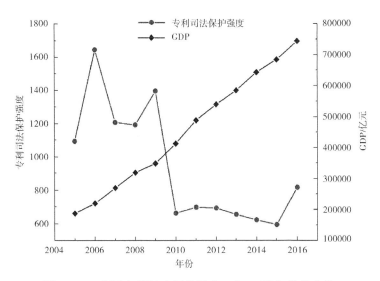

图 11-3 我国专利司法保护强度、GDP 随年份的变化

R&D 经费支出指标反映了一国的科技实力和核心竞争力。因此有必要研究我国专利司法保护强度与 R&D 的相关性，对 2005—2016 年我国 R&D 进行了统计，并对专利司法保护强度与 R&D 的相关性进行了回归分析，图 11-4 是我国专利司法保护强度、R&D 随年份的变化，专利司法保护强度与 R&D 相关性的回归分析结果见表 11-4。从图 11-4 中可以看出，R&D 总体随年份呈上升趋势，但是上升过程分为两个阶段，2009 年之前上升趋势相对平缓，2009 年之后快速上升，呈现加速发展态势。表 11-4 的回归分析结果显示，专利司法保护强度变量对 R&D 的影响系数为-0.33，在 1% 水平上显著，表明我国专利司法保护强度与 R&D 有较大的负相关性。Thompson 和 Rushing（1999）的研究表明，对于 R&D 规模较大的国家，在一定范围内提高专利司法保护强度有利于产业的发展。由此可知，我国专利司法保护强度的调整远落后于 R&D 的发展，与产业的加速发展态势不匹配。

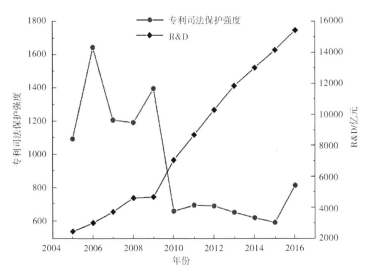

图 11-4　我国专利司法保护强度、R&D 随年份的变化

　　进出口总额指标反映国家的市场开放度。对 2005—2016 年我国进出口总额进行了统计，并对专利司法保护强度与进出口总额的相关性进行了回归分析，图 11-5 是我国专利司法保护强度、进出口总额随年份的变化，专利司法保护强度与进出口总额相关性的回归分析结果见表 11-4。从图 11-5 中可以看出，进出口总额总体随年份呈上升趋势，但是在 2009 年略微下降，之后又回升。表 11-4 的回归分析结果显示，专利司法保护强度变量对进出口总额的影响系数为 -0.275，在 10% 水平上显著，表明我国专利司法保护强度与进出口总额有显著的负相关性。Gould 和 Gruben （1996） 等人的研究表明，在市场开放度较高的条件下，较强的知识产权保护更易达到激励创新和促进产业发展的效果。随着 "一带一路" 倡议的稳步推进，我国已成为贸易全球化的主要推动力量之一，在可以预见的未来，我国的市场开放度也将会越来越大。我国越来越开放的市场对提升我国专利司法保护强度提出了需求。由此可

知，我国不断降低的专利司法保护强度与我国越来越开放的市场需求不匹配。在全球经济一体化的背景下，不利于我国科技企业在全球竞争中获得应有的平等地位。

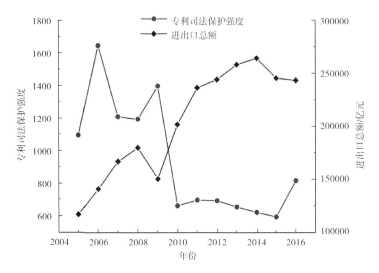

图 11-5　我国专利司法保护强度、进出口总额随年份的变化

表 11-4　我国专利司法保护强度与 R&D、GDP 和
进出口总额的相关性分析结果

指标	R&D	年份	GDP	年份	进出口总额	年份
相关系数	-0.33***	0.15***	-0.131	0.116***	-0.275*	0.048**
标准误差	0.091	0.013	0.097	0.116	0.135	0.019
R^2	0.9877		0.9804		0.8727	

注：*、**、***分别表示在 10%、5%、1% 的水平上显著，采用稳健性标准误差。

专利密集型产业是知识产权密集型产业的重要组成部分，是指单位就业人数的发明专利数量高于所有产业整体平均水平的产业，欧美发达国家的经验表明，专利密集型产业对社会经济发展做出了重要贡献，对于实施创新驱动发展战略、实现产业转型升级、推动经济持续增长都有着重要作用。下面将分别针对专利密集型产业和非专利密集型产业，研究专利司法保护强度对产业利润的影响度。

根据通用专利密集型产业认定标准进行划分（姜南等，2014），确定医药制造业，专用设备制造业，电气机械及器材制造业，通信设备、计算机及其他电子设备制造业，仪器仪表及文化、办公用机械制造业，通用设备制造业为专利密集型产业，本章还选择六大非专利密集型产业作为对比项。考虑到产业经济的增长值作为表征产业经济发展的指标会带来控制变量过多的弊端，以及变量的可获得性，为简化分析过程，本章用规模以上工业企业的营业利润表征产业经济发展，数据的区间段为2006—2015 年。回归模型如下：

$$profit_{it} = \alpha_{it} + \beta_{it} strength_{it} + \mu_{it} \tag{11-1}$$

其中，$profit$ 表示各个产业的利润；$strength$ 表示专利司法保护强度；α_{it} 是截距项；β_{it} 是相对解释变量的待估计系数；$i = 1, 2, \cdots, N$，表示 N 个个体；$t = 1, 2, \cdots, T$，表示 T 个时点；μ 表示随机误差项。

为避免伪回归以及确保估计的有效性，对数据的平稳性进行检验。在对专利司法保护强度（$strength$）、产业利润（$profit$）两个序列进行单位根检验后，发现两个序列都是一阶单整。然后进行协整关系检验，发现两个序列存在协整关系。再判断面板数据模型所属类型。面板数据模型根据常数项和系数矢量是否是常数，可以分为三种类型。

混合回归模型：$y_{it} = \alpha + x_{it}\beta + \mu_{it}$ $i = 1, 2, \cdots, N; t = 1, 2, \cdots, T$

变截距模型：$y_{it} = \alpha_i + x_{it}\beta + \mu_{it}$ $i = 1, 2, \cdots, N; t = 1, 2, \cdots, T$

变系数模型：$y_{it} = \alpha_i + x_{it}\beta_i + \mu_{it}$ $i = 1, 2, \cdots, N; t = 1, 2, \cdots, T$

用 F 统计量判断一个面板数据所属模型：

$$F_1 = \frac{(S_2 - S_1) / [(N-1)k]}{S_1 / [NT - N(k+1)]} \sim F[(N-1)k, N(T-k-1)] \tag{11-2}$$

$$F_2 = \frac{(S_3 - S_1) / [(N-1)(k+1)]}{S_1 / [NT - N(k+1)]} \sim F[(N-1)(k+1), N(T-k-1)] \qquad (11-3)$$

并检验两个假设：

$$H1: \beta_1 = \beta_2 = \beta_N$$

$$H2: \alpha_1 = \alpha_2 = \alpha_N, \ \beta_1 = \beta_2 = \beta_N$$

其中，S_1、S_2、S_3 分别是变系数模型、变截距模型和混合回归模型的残差平方和；k 为解释变量个数；N 为截面个体数量；α 为常数项；β 为系数矢量。

运用 Eviews7.2 对模型（11-1）进行估计，得出变系数模型、变截距模型和混合回归模型的残差平方和 S_1、S_2、S_3，代入式（11-2）和式（11-3），可得出统计量 $F_1 = 4.6$，$F_2 = 20.104$，且 $F_2 > F_{0.05}(22, 96)$，$F_1 > F_{0.05}(11, 96)$，拒绝假设 H1 和 H2，应建立变系数模型。进行 Hausman 检验后，发现 $p = 1$，所以，接受原假设，应采用随机效应模型。

综上所述，应该建立随机效应变系数模型，估计结果见表 11-5。专利司法保护强度与医药制造业，专用设备制造业，电气机械及器材制造业，通信设备、计算机及其他电子设备制造业，通用设备制造业的利润呈负相关，并在 1% 水平上显著。专利司法保护强度与煤炭开采和洗选业以及农副食品加工业的利润呈负相关，并在 1% 水平上显著。专利司法保护强度与纺织服装、服饰业的利润呈负相关，并在 5% 水平上显著。专利司法保护强度与烟草制品业，木材加工和木、竹、藤、棕、草制品业呈负相关，并在 10% 水平上显著。所以，无论是专利密集型产业还是非专利密集型产业，专利司法保护强度与产业的利润都是负相关的。从专利司法保护对产业利润的影响系数来看，专利司法保护强度上升 1，专利密集型产业利润分别下降 1.747、1.66、2.811、2.49、2.063，要普遍高于专利司法保护强度对非专利密集型产业利润的影响，因此，专利司法保护强度对专利密集型产业的影响更显著。

表 11-5　面板模型回归结果

专利密集型产业	系数	非专利密集型产业	系数
医药制造业	-1.747***	煤炭开采和洗选业	-1.308***
专用设备制造业	-1.66***	农副食品加工业	-2.541***
电气机械及器材制造业	-2.811***	烟草制品业	-0.713*
通信设备、计算机及其他电子设备制造业	-2.49***	纺织服装、服饰业	-0.999**
仪器仪表及文化、办公用机械制造业	-0.555	木材加工和木、竹、藤、棕、草制品业	-0.782*
通用设备制造业	-2.063***	家具	-0.479
随机效应-医药	108.2176	随机效应-煤炭	555.4802
随机效应-专用	184.2211	随机效应-农副	1814.694
随机效应-电器	2509.876	随机效应-烟草	-1435.345
随机效应-计算机	2004.543	随机效应-纺织	-1172.954
随机效应-仪器	-1968.703	随机效应-木材	-1678.260
随机效应-通用	1303.762	随机效应-家具	-2225.532

注：*、**、***分别表示在10%、5%、1%水平上显著。

11.3　基于产业差异的专利司法保护强度优化的政策建议

对工业机器人和智能汽车的专利进行检索分析，调研典型产业的专利现状，结果表明：在这两个技术领域，近年来，我国申请的专利数量迅猛增长，数量上已经跃居第一，但专利多而不强且主要集中在应用技术领域，核心技术领域的专利占比相对较少。这反映出我国企业的自主创新能力迅速提升，但在关键技术领域还较为薄弱。对"我国专利司法保护强度对我国产业经济的影响”进行实证研究，结果表明：我国专利司法保护强度与 GDP 没有显著相关性；我国专利司法保护强度与 R&D 有较大的负相关性，专利司法保护强度的调整远落后于 R&D 的发展；专利司法保护强度对专利密集型产业和非专利密集型产业利润的影响呈现显著的负相关，但从影响系数来看，专利司法保护强度对专利密集型产业的影响更大。

结合研究结论，在产业知识产权保护和专利司法保护强度的优化方面，提出以下政策建议：

（1）区分产业，实施知识产权的差异化保护。我国产业发展的不均衡，意味着一刀切的知识产权保护标准行不通，必然会造成保护的不均衡。因此，必须区分产业，实施差异化的知识产权保护。应建立《产业许可费率指南》作为法院判决知识产权侵权损害赔偿的依据，对不同产业参考行业的平均许可费率给予损害赔偿，减少法官的自由裁量。在重点技术领域开展专利行政执法行动，加强对重点行业的知识产权保护。对特定产业，应单独立法进行保护，通过特别法的制定和实施实现对不同产业的差异化保护。

（2）建立适应于我国产业转型升级的专利司法保护动态优化机制。建立有利于产业转型升级的专利司法保护制度，快速响应科技和产业迅猛发展的需求。具体来说，一是建立专利司法保护强度的量化评价体系，加强我国主要产业知识产权现状的实证研究，加强知识产权专利司法保护强度的量化研究，衡量我国专利司法保护的有效性；二是研究专利司法保护与产业、经济发展相互作用机理，评价在产业、经济发展的不同阶段，专利司法保护强度对于产业、经济发展的影响；三是建立专利司法保护的动态优化机制，通过革新和完善专利司法保护法律制度等方式调整专利司法保护强度，使其与我国产业、经济发展水平动态匹配，实现专利司法保护强度的动态优化。

第 12 章 ▶

研究展望

　　我国知识产权制度建立较晚，知识产权研究也起步较晚，总体来讲，相较于发达国家，我国的知识产权研究还缺乏较成熟的研究规范，也缺少系统的理论方法体系。并且，由于我国的知识产权学科是设立在法学下的二级学科，所以我国早期的知识产权研究主要是研究法律问题，采用法学研究范式，以定性研究为主。随着经济、社会的发展，知识产权问题已经不单纯是一个法律问题，还可能是一个公共政策问题、社会学问题，法学研究范式已经不能满足知识产权研究的需要，特别是近年来，随着信息化社会的到来，数据在科学研究中发挥的作用日益重要，将定量研究与定性研究相结合，用科学的方法将客观数据与理论相结合，逐渐成为知识产权研究的流行范式。但是，我国学者对知识产权的定量研究还非常不足。

本书构建了专利司法保护强度量化模型，并测量了我国的专利司法保护强度。然而，本书的研究并不是为了量化而量化，量化只是为评估我国专利司法保护强度、完善专利制度提供基础。因此，本书的完结既是一个研究终点，也是一个研究起点，后续还可从以下几个方面着手开展研究工作。

12.1 理论研究层面

12.1.1 专利保护对专利权人/侵权人行为的影响机理

本书主要是从微观层面，研究现有专利司法保护制度之下，专利权人/侵权人的专利决策模式。后续还可以从微观层面分析典型产业的企业在专利保护"双轨制"（专利司法保护和专利行政保护模式并存）之下的专利决策模式。通过建立专利保护"双轨制"下的企业专利决策行为模型，对典型产业的企业的专利决策行为进行理论分析，得出我国"双轨制"专利保护制度下企业的典型专利决策模式，以及专利保护"双轨制"对企业专利决策行为的作用机理，得到影响不同产业的企业专利决策行为的关键因素，为我国专利司法保护和专利行政保护"双轨制"并存制度的调整提供政策方向。

12.1.2　建立改进的专利司法保护强度量化模型

本书提出的专利司法保护强度量化分析模型主要是以"平均专利赔偿额、法院侵权和调解案件总数、授权的专利所耗费的研发费用"等指标为基础建立的。近年来，我国专利申请数量呈现指数型增长态势，出现了大量的低质量和低价值专利。这类数量众多的低质量和低价值专利给我国专利的司法保护带来了极大的困扰，因此亟须厘清专利质量和专利价值对专利司法保护强度的影响。后续研究将采用大数据文本挖掘的实证研究，提取反映专利质量的关键参数，将反映专利质量的关键参数引入专利司法保护强度量化模型之中，建立改进的专利司法保护强度量化分析模型。

12.1.3　基于专利权保护与公共利益动态平衡的评价体系

专利制度本质上是功能性的制度，是实现社会利益最大化的政策工具。现代专利制度的价值目标是专利权保护与公共利益的平衡。以往对涉及专利权保护和公共利益的平衡的相关研究以定性分析为主，缺乏量化评价，导致我国涉及专利保护的法律、政策调整往往滞后于产业经济的发展，调整的幅度和方式缺乏科学依据，往往直接参考西方发达国家的专利制度。鉴于我国产业发展的速度和现状都与典型西方发达国家迥然不同，我国已经提出建立具有中国特色的知识产权保护体系。在此背景下，采用定量的评价指标，建立基于专利权保护与公共利益动态平衡的评价体系意义重大。该评价体系包括两部分：一是基于专利数据分析的产业发展现状评估；二是基于定量研究的专利保护现状评估。

12.1.4　专利司法保护强度的动态优化

分析典型产业的专利司法保护强度随时间的演化规律，研究专利司法保护强度的变化趋势，并针对不同产业类型的专利司法保护强度情况，提出动态优化方案。对于新兴的产业领域和较成熟的产业领域，专利保护对专利权人/侵权人决策行为的影响机理不同。因此，随着产业的兴起、发展与成熟，专利司法保护对产业创新的作用方向必须进行动态调整。通过建立改进的专利司法保护强度量化模型，在统计的角度上评估典型产业的专利司法保护有效性。此外，通过大数据文本挖掘的方法，收集专利质量、专利诉讼等数据，利用智能优化算法预测专利司法保护强度的变化趋势，提出基于专利司法保护强度动态优化的政策方案。

12.2　应用研究层面

在应用研究层面，主要是以政府、企业在知识产权保护领域的需求为导向，将学术研究与政府、企业的迫切需求相结合，预期应用层面的研究包括以下几个方面。

12.2.1　政府层面

应用专利保护对专利权人/侵权人行为的影响机理研究结果，研究政府如何引导企业科技创新、促进产业转型升级，为相关政策的制定提供政策导向。

（1）对研发成本高的高新技术重点产业，一方面，可以对企业的研发进行适当补贴，引导企业选择自主创新的专利策略；另一方面，提高法定赔偿额的上限，可以保障高新技术企业的专利权益，激发企业的创新性。

（2）对研发成本低的产业，提高法定赔偿额的下限，有利于引导企业选择自主创新的专利策略。但是也要防范专利钓饵对小型企业的诉讼风险。

（3）对市场容量较大的领域，惩罚性赔偿的增加可以促进企业倾向于选择自主创新的专利策略。对市场容量较小的领域，提高法定赔偿额也可以压缩侵权策略的获利空间，促进企业转向自主创新的专利策略。

应用改进的专利司法保护强度量化模型，为更加有效地评估典型产业的专利司法保护强度、调节专利司法保护强度提供依据。

（1）针对不同类型的专利，发布不同的法定赔偿额标准，从法律上进一步明晰专利质量与赔偿额的一致性，引导企业更多地采用自主创新的专利战略。

（2）评估不同产业的专利价值与专利侵权赔偿额的匹配度，从法律上进一步明确产业的专利价值与赔偿额的一致性。可制定《各主要产业的专利许可费标准指南》，作为法院判定不同产业专利侵权赔偿额的参考，减少自由裁量，以此调节不同产业的专利司法保护强度。

（3）研究《专利法》修改给专利保护强度带来的影响。采用回归的方法比较新旧《专利法》对专利司法保护强度的影响。进一步研究专利侵权诉讼案件胜诉率的影响因素。

应用基于专利权保护与公共利益动态平衡的评价体系，为调节专利保护强度提供价值导向。

（1）基于大数据的文本挖掘方法，对我国产业总体发展阶段，我国专利诉讼及专利行政执法的状况进行统计分析。基于以上统计分析数据，评价我国公共利益与专利权保护现状的匹配度。

（2）考虑到我国各产业/各区域的发展水平极不均衡，基于大数据的文本挖掘方法，对我国各产业/各区域产业发展状况进行统计分析，对我国各产业/各区域专利诉讼及专利行政执法的状况进行统计分析。基于以上统计分析数据，评价我国公共利益与各产业/各区域的专利权保护现状的匹配度。

应用专利司法保护强度的动态优化研究结果，为调节专利司法保护强度提供动态优化方案。

（1）基于适用于不同产业的专利司法保护强度量化模型，采用实证方法，研究各主要产业的专利司法保护强度及其影响因素，利用大数据、人工智能算法等技术手段，预测我国专利司法保护强度的变化趋势。

（2）基于专利司法保护强度的预测结果，提出平滑渐变的动态调整方案，避免因专利司法保护强度调整的突变性和时滞性产生的对创新的阻碍。

12.2.2　企业层面

应用学术研究层面的研究结果，为企业的专利决策提供依据。

（1）通过学术研究层面所涉及的赔偿额、胜诉率的实证研究以及BP神经网络预测模型，建立专利诉讼风险分析系统，帮助诉讼各方在诉讼的各阶段评估各自的风险，选择更有利的诉讼策略。

（2）通过专利保护对企业专利决策行为的影响机理研究结果，为各类型的企业选择合理的专利策略提供依据。

参考文献

[1] Ailison J R, Lemley M A. The Growing Complexity of the United States Patent System [J]. Boston University Law Review, 2002, 82: 77-135.

[2] Ailison J R, Lemley M A, Walker J. Patent Quality and Settlement Among Repeated Patent Litigation [J]. The Georgetown Law Journal, 2011 (99): 677-712.

[3] Ailison J R, Lemley M A, Walker J. Extreme Value or Trolls on Top? The Characters of the Most-litigated Patents [J]. University of Pennsylvania Law Review, 2009, 158 (1): 1-31.

[4] Antion J J, Yao D A. Finding "Lost" Profits: An Equilibrium Analy-

sis of Patent Infringement Damages ［J］. The Journal of Law, Economics & Organization, 2007, 23 (1): 186-207.

［5］ Aoki R, Hu J. Licensing vs. Litigation: Effect of the Legal System on Incentives to Innovate ［J］. Journal of Economics and Management Strategy, 1999, 8: 133-160.

［6］ Bessen J, Meurer M J. The Private Costs of Patent Litigation ［R］. Boston: Boston University School of Law Working Paper, 2008: 7-8.

［7］ Bessen J. Hold up and Licensing of Cumulative Innovation with Private Information ［J］. Economic Letters, 2004, 82 (3): 321-326.

［8］ Bessen J, Meurer M J. Lessons for Patent Policy from Empirical Research on Patent Litigation ［J］. Lewis and Clark Law Review, 2005, 9 (1): 1-28.

［9］ Bessen J, Meurer M J. Patent Failure: How Judges, Bureaucrats, and Lawyer Put Innovation at Risk ［M］. Princeton: Princeton University Press, 2008: 96-146.

［10］ Beutel P A, Rapp R T. Patent Damages: Updated Rules on the Road to Economic Rationality ［J］. Patent Litigation, 1996 (2): 1-100.

［11］ Braga P, Fink C, Paz Sepulveda C. Intellectual Property Rights and Economic Development ［R］. World Bank Discussion Paper, 2000.

［12］ Burk D L, Lemley M A. Policy Levers in Patent Law ［R］. Berkeley Program in Law and Economics, 2003, No. 06 - 01 - 2003: 1-228.

［13］ Chien C V. Defensive Patenting ［R］. Searle Centre on Law, Regulation, and Economic Growth, 2009.

［14］ Choi J P. Alternative Damage Rules and Probabilistic Intellectual Property Rights: Unjust Enrichment, Lost Profits, and Reasonable Royalty

Remedies [J]. Information Economics and Policy, 2009, 21: 145-157.

[15] Choi J P. Patent Pools and Cross-licensing in the Shadow of Patent Litigation [J]. International Economic Review, 2010, 51 (2): 441-460.

[16] Coury L. C'est What? Saisie! A Comparison of Patent Infringement Remedies Among the G7 Economic Nations [J]. Fordham Intellectual Property Media and Entertainment Law Journal, 2003, 13: 1101-1158.

[17] Crampes C, Langinier C. Are Intellectual Property Rights Detrimental to Innovation? [J]. International Journal of the Economics of Business, 2009, 16 (3): 249-268.

[18] Crampes C, Langinier C. Litigation and Settlement in Patent Infringement Case [J]. RAND Journal of Economics, 2002 (33): 228-274.

[19] Dasgupta P, Stiglitz J. Uncertainty, Industrial Structure and the Speed of R&D [J]. Bell Journal of Economics, 1980, 11: 1-8.

[20] Davis R M. Failed Attempts to Dwarf the Patent Trolls: Permanent Injunction in Patent Infringement Cases Under the Proposed Patent Reform Act of 2005 and eBay V. MercExchange [J]. Cornell Journal of Law and Public Policy, 2008, 17: 431-452.

[21] Denicolo V. Patent Races and Optimal Patent Breadth and Length [J]. The Journal of Industrial Economics, 1996, 44 (3): 249-265.

[22] Dinwiddie S K. A Shifting Barrier? Difficulties of Obtaining Patent Infringement Damages in Japan [J]. Washington Law Review, 1995: 833.

[23] Donald S C, et al. Principle of Patent Law: Case and Materials [M]. New York: Foundation Press, 2004: 70-76.

[24] ESA, USPTO. Intellectual Property and the U. S. Economy: Industries in Focus [R]. U. S. Department of Commerce, March, 2012: 2-3.

[25] Ewing T L. A Study of the Intellectual Ventures Patent Portfolio in the United States: Patent & Applications [R/OL]. [2010−01−23]. http://www. avancept. com /index. html.

[26] Fischer J M. Understanding Remedies [M]. New York: Matthew Bender, 1999: 276.

[27] Fischer T, Henkel J. Patent Trolls on Markets for Technology: An Empirical Analysis of Trolls' Patent Acquisitions [R/OL]. [2011−4−1]. SSRN: http://ssrn. com/abstract=1523102.

[28] Gallini N. Patent Length and Breadth with Costly Imitation [J]. RAND Journal of Economic, 1992, 44: 52−63.

[29] Gilbert R, Shapiro C. Optimal Patent Length and Breadth [J]. RAND Journal of Economic, 1990, 21 (1): 106−112.

[30] Ginarte J C, Park W G. Determinants of Patent Rights: Across−national Study [J]. Research Policy, 1997, 26 (3): 283−301.

[31] Glenn S, Lunney Jr. The Obviousness Standard, for example, Has been Significantly Eroded in Recent Times [J]. E −Obviousness, Michigan Telecommunications and Technology Law Review, 2001 (7): 63−421.

[32] Gonley J G, Orozco D. The "Longer Walk" after eBay v. MercExchange [J]. Les Nouvelles, 2007, 6: 426−431.

[33] Gould D M, Gruben W C. The Role of Intellectual Property Rights in Economic Growth [J]. Journal of Development Economics, 1996 (48): 323−350.

[34] Graevenitz G, Wagner S, Harhoff D. Incidence and Growth of Patent Thickets: The Impact of Technological Opportunities and Complexity [J]. The Journal of Industrial Economics, 2013, 61 (3): 521−563.

[35] Graf S W. Improving Patent Quality through Identification of Relevant

Prior Art: Approaches to Increase Information Flow to the Patent Office [J]. Lewis & Clark Law Review, 2007, 11: 495-519.

[36] Green J R, Scotchmer S. On the Division of Profit in Sequential Innovation [J]. RAND Journal of Economics, 1995, 26 (1): 20-33.

[37] Gregory J K. The Troll Next Door [J]. The John Marshall Review of Intellectual Property Law, 2007, 292: 6-7.

[38] Hagiu A, Yoffie D, Wagonfeld A D. Intellectual Ventures [R]. Harvard Business Strategy Unit: HBS Case No. 710-423, 2009.

[39] Hall B H, Jaffe A, Trajtenberg M. The NBER Patent Citations Data File: Lessons, Insights and Methodologieal Tools [R]. NBER Working Paper, 2001: 8498.

[40] Hall B H, Ziedonis R. An Empirical Analysis of Patent Litigation in the Semiconductor Industry [C]. Chicago: American Economic Association Annual Meeting, 2007.

[41] Hall B H, Ziedonis R. An Empirical Analysis of Patent Litigation in the Semiconductor Industry [R]. Second Annual Research Roundtable on the Empirical Studies of Patent Litigation, 2010.

[42] Henry M D. The Market Effects of Patent Litigation [J]. Technology and Investment, 2013, 4 (1): 57-68.

[43] Henry M D, Turner J. Patent Damages and Spatial Competition [J]. The Journal of Industrial Economics, 2010, 58 (2): 279-305.

[44] Huang K F, Cheng T C. Determinants of Firms' Patenting or not Patenting Behaviors [J]. Journal of Engineering and Technology Management, 2015, 36: 52-57.

[45] Hubbard M, Brooks L. The Effect of Seagate on Patent Infringement Risk Management Strategies [J]. Intellectual Property & Technology

Law Journal, 2010, 22 (3): 1-4.

[46] Hu W, Tohru Y K, Watanabe T. Impact of Patent Litigation on the Subsequent Patenting Behavior of the Plaintiff Small and Medium Enterprises in Japan [J]. International Review of Law and Economics, 2017, 51: 23-28.

[47] Janicke P M, Ren L L. Who Wins Patent Infringement Cases [J]. AIPLA Quarterly Journal, 2006, 34 (1): 1-41.

[48] Jarosz J C, Chapman M J. The Hypothetical Negotiation and Reasonable Royalty Damages: The Tall Wagging the Dog [J]. Stanford Technology Law Review, 2013, 16 (3): 769-828.

[49] Jensen P H, Palangkaraya A, Webster E. Disharmony in International Patent Office Decision [J]. The Federal Circuit Bar Journal, 2006, 15 (4): 679-704.

[50] Jones M. Permanent Injunction, a Remedy by any other Name is Patently not the Same: How eBay V. MercExchange Affects the Patent Rights of Non-practicing Entities [J]. George Mason Law Review, 2007, 14 (4): 1035-1066.

[51] Kanwar S, Evenson R. On the Strength of Intellectual Property Protection that Nations Provide [J]. Journal of Development Economics, 2009, 90 (1): 50-56.

[52] Kitch E W. Nature and Function of the Patent System [J]. Journal of Law & Economics, 1977, 20: 265.

[53] Klemperer P. How Broad Should the Scope of Patent Protection Be? [J]. RAND Journal of Economics, 1990, 21: 113-130.

[54] Laura B P. The Computation of Damages in Patent Infringement Action [J]. Harvard Journal of Law & Technology, 1999, 5: 95-142.

［55］ Layne － Farrar A, Schmidt K M. Licensing Complementary Patents:
"Patent Trolls", Market Structure, and "Excessive" Royalties ［J］.
Berkeley Technology Law Journal, 2010, 25: 1121–1142.

［56］ Lee T, Wilde L. Market Structure and Innovation: A Reformulation
［J］. Quarterly Journal of Economics, 1980, 94: 429–436.

［57］ Legaard B K, Smith－Hill J. Developing a Patent Infringement Risk－as-
sessment Strategy ［J］. Oregon Business Magazine, 2014, 37 (1): 40.

［58］ Lemley M A, Durie D J. A Structured Approach to Calculating Rea-
sonable Royalty Damages ［J］. Lewis & Clark Law Review, 2010,
14: 627.

［59］ Lemley M A, Moore K A. Ending Abuse of Patent Continuations
［J］. Boston University Law Review, 2004, 84 (63): 88–89.

［60］ Lemley M A. Rational Ignorance at the Patent Office ［J］. Northwestern
University Law Review, 2001, 95 (4): 681–703.

［61］ Lerner J. The Importance of Patent Scope and Empirical Analysis
［J］. RAND Journal of Economic, 1994, 25 (2): 319–333.

［62］ Lerner J. Two－edged Sword: The Competitive Implications of Finan-
cial Patents ［R/OL］. ［2011–9–8］. www. frbatlanta. org/news/confer-
en/fm2003/lerner. doc.

［63］ Lesser W. The Effect of TRIPS－mandated Intellectual Property Rights
on Economic Activities in Developing Countries ［R］. Prepared under
WIPO Special Service Agreements, WIPO, 2003.

［64］ Liu M, Croix S L. A Cross － country Index of Intellectual Property
Rights in Pharmaceutical Inventions ［J］. Research Policy, 2015,
44: 206–216.

［65］ Loury G. Market Structure and Innovation ［J］. Quarterly Journal of

Economics, 1979, 93: 395-410.

[66] Magliocca G N. Blackberries and Barnyards: Patent Trolls and the Perils of Innovation [J]. Notre Dame Law Review, 2007, 6: 1-61.

[67] Maskus K E. Intellectual Property Rights in the Global Economy [M]. Washington, DC: Institute for International Economics, 2000.

[68] Mazzeo M J, Hillel A J, Zyontz S. Excessive or Unpredictable? An Empirical Analysis of Patent Infringement Awards [J]. Social Science Electronic Publishing, 2011, 20 (5): 100-120.

[69] Mazzeo M J, Hillel J. Explaining the "Unpredictable": An Empirical Analysis of U.S. Patent Infringement Awards [J]. International Review of Law and Economics, 2013, 35: 58-72.

[70] Mazzoleni R, Nelson R R. The Benefits and Costs of Strong Patent Protection: A Contribution to the Current Debate [J]. Research Policy, 1998, 27: 273-284.

[71] McDonough J F. The Myth of the Patent Troll: An Alternative View of the Function of Patent Dealers in an Idea Economy [J]. Emory Law Journal, 2006, 56: 189.

[72] McFetridge D G, Rafiquzzaman M. The Scope and Duration of the Patent Right and the Nature of Research Rivalry [J]. Research in Law and Economics, 1986, 8: 91-120.

[73] Merges R P. As Many as Six Impossible Patents before Breakfast: Property Rights for Business Concepts and Patent System Reform [J]. Berkeley Technology Law Journal, 1999, 14: 577-589.

[74] Merges R P, Nelson R R. On the Complex Economics of Patent Scope [J]. Columbia Law Review, 1990, 90 (4): 839-916.

[75] Millien R, Laurie R. A Summary of Established & Emerging IP Busi-

ness Models [R]. The Eight Annual Sedona Conference on Patent Litigation, 2007.

[76] Monk A H B. The Emerging Market for Intellectual Property: Drivers, Restrainers, and Implication [J]. Journal of Economic Geography, 2009, 9 (4): 469-491.

[77] Moore K A. Judges, Juries, and Patent Cases: An Empirical Peek Inside the Black Box [J]. Michigan Law Review, 2000, 99 (2): 365-409.

[78] Moy R C. The Harmonization of International Patent Law: The History of the Patent Harmonization Treaty: Economic Self-Interest as an Influence [J]. John Marshall Law Review, 1993: 457-474.

[79] Nie A Y. Introduction of U.S. Patent Reform [J/OL]. [2011-8-2]. http://www.foley.com/files/ChineseUSPatentReform.pdf.

[80] Nieberding J F. Lost Profits and Price Erosion in Patent Infringement Cases: Implication of Crystal Semiconductor [J]. Journal of Forensic Economics, 2003, 16 (1): 37-49.

[81] Nordhaus W. Invention, Growth and Welfare: A Theoretical Treatment of Technological Change [M]. Cambridge: MIT Press, 1969.

[82] North D C. Institutions, Institutional Change and Economic Performance [M]. Cambridge: Cambridge University Press, 1990.

[83] North D C, Tomas R P. The Rise and Fall of the Manorial System: A Theoretical Model [J]. Journal of Economic History, 1971, 31.

[84] Noveck B S. "Peer to Patent": Collective Intelligenc, Open Review, and Patent Reform [J]. Harvard Journal of Law and Technology, 2006, 20 (1): 123-162.

[85] O' Donoghue T, Scotchmer S. Patent Breadth, Patent Life, and the

Pace of Technological Progress [J]. Journal of Economics & Management Strategy, 1998, 7 (1): 1-32.

[86] Park W G. International Patent Protection, 1960-2005 [J]. Research Policy, 2008, 37 (4): 761-766.

[87] Paul S. Willful Patent Infringement: Theoretically Sound? A Proposal to Restore Willful Infringement to its Proper Place within Patent Law [J]. University of Illinois Law Review, 2006 (3): 660-687.

[88] Pohlmann T, Opitz M. The Patent Troll Business: An Efficient Model to Enforce IPR [R/OL]. [2011-2-29]. MPRA Paper No. 27342. http://mpra. ub. uni-muenchen. de /27342/.

[89] Pugatch M P. Measuring the Strength of National Pharmaceutical Intellectual Property Regimes: Creating a New Pharmaceutical IP Index [J]. The Journal of World Intellectual Property, 2006, 9 (4): 373-391.

[90] Raghu T S, Woo W, Mohan S B, et al. Market Reaction to Patent Infringement Litigations in the Information Technology Industry [J]. Information Systems Frontiers, 2007, 10 (1): 61-75.

[91] Reitzig M, Henkel J, Heath C. On Sharks, Trolls, and their Patent Prey-unrealistic Damage awards and Firms' Strategy of "Being Infringed" [J]. Research Policy, 2007, 36: 134-154.

[92] Saito Y. Effects of Patent Protection on Economic Growth and Welfare in a Two-R&D-sector Economy [J]. Economic Modeling, 2017, 62: 124-129.

[93] Schaerr G C, Loshin J R. Doing Battle with "Patent Trolls" Lessons from the Litigation Front Lines [R]. Winstin Strawn LLP, 2011.

[94] Schliessler P M. Patent Litigation and Firm Performance: The Role of

the Enforcement System [J]. Industrial & Corporate Change, 2015, 24 (2): 307-343.

[95] Scott W R. Institutions and Organizations [M]. Thousand Oaks: Sage, 1995.

[96] Sepetys K, Cox A. Intellectual Property Rights Protection in China: Trends in Litigation and Economic Damages [EB/OL]. [2011-8-2]. http://www. nera. com/extImage/PUB_IPR_Protection_China_0109_final. pdf.

[97] Shapiro C. Injunction, Hold-up, and Patent Royalties [J]. American Law and Economics Review, 2010, 12 (2): 509-557.

[98] Shapiro C, Lemley M A. Patent Hold-up and Royalty Stacking [J]. Texas Law Review, 2007, 85: 1991-2049.

[99] Shapiro C. Navigating the Patent Thicket: Cross Licenses, Patent Pools, and Standard-setting [J]. Innovation Policy and the Economy, 2001 (1): 119-150.

[100] Shapiro C. Optimal Patent Length and Breadth [R]. University of California at Berkeley in its Series Economics, Working Papers, 1989: 89-102.

[101] Sherry E F, Teece D J. Royalties, Evolving Patent Rights, and the Value of Innovation [J]. Research Policy, 2004, 33: 179-191.

[102] Suredeanu M, et al. Risk Analysis for Intellectual Property Litigation [C]. Pittsburgh: The International Conference on Artificial Intelligence and Law, 2011.

[103] Takenaka T. Patent Infringement Damages in Japan and the United States: Will Increased Patent Infringement Damage awards Revive the Japanese Economy? [J]. Re-Engineering Patent Law, 2000,

2: 309-370.

[104] Taylor C T, Silverston Z A. The Economic Impact of the Patent System: A Study of the Engllsh Experience [M]. Cambridge: Cambridge University Press, 1973: 3, 15, 363.

[105] Thomas J R. The Responsibility of Rule－maker: Comparative Approaches to Patent Administration Reform [J]. Berkeley Technology Law Journal, 2002, 17: 727-761.

[106] Thompson M A, Rushing F W. An Empirical Analysis of the Impact of Patent Protection on Economic Growth: An Extension [J]. Journal of Economic Development, 1999, 24 (1): 67-76.

[107] Thompson M A, Rushing F W. An Empirical Analysis of the Impact of Patent Protection on Economic Growth [J]. Journal of Economic Development, 1996, 21 (2): 61-79.

[108] Tomlin J T. Mars v. Coin Acceptors and the "Hypothetical Negotiation" Approach to Reasonable Royalty Calculations [J]. SSRN Electronic Journal, 2008, 8: 1-5.

[109] Turner J S. The Nonmanufacturing Patent Owner: Toward a Theory of Efficient Infringement [J]. California Law Review, 1998, 86 (179): 180-210.

[110] USITC. China: Effects of Intellectual Property Infringement and Indigenous Innovation Policy on the U. S. Economy [R]. Investigation No. 332-514, 2010: 8-13.

[111] Vermont S. Taming the Doctrine of Equivalents in Light of Patent Failure [J]. Journal of Intellectual Property Law, 2008, fall, 16 (1): 84-107.

[112] Wagner R P. Understanding Patent－quality Mechanisms [J]. Uni-

versity of Pennsylvania Law Review, 2009, 157: 2135-2173.

［113］Wallace J H. Are Patent "Trolls" Wrongly Named and Maligned? Do They Have a Future ［R］. Washington DC: AIPLA Annual Meeting, 2008.

［114］Wang A W. Rise of the Patent Intermediaries ［J］. Berkeley Technology Law Journal, 2010, 25 (1): 159-200.

［115］Watanabe Y. Patent Licensing and the Emergence of a New Patent Market ［J］. Houston Business and Tax Journal, 2009, IX: 446-479.

［116］Waterson M. The Economics of Product Patents ［J］. Amercian Economic Review, 1990, 80 (4): 860-869.

［117］Wright D J. Optimal Patent Breadth and Length with Costly Imitation ［J］. International Journal of Industrial Organization, 1999, 17 (3): 419-436.

［118］Wright J E. Willful Patent Infringement and Enhanced Damages Evolution and Analysis ［J］. George Mason Law Review, 2001, 10: 97.

［119］Ziedonis R H. Don't Fence Me in: Fragmented Markets for Technology and the Patent Acquisition Strategies of Firms ［J］. Management Science, 2004, 50 (6): 804-820.

［120］白千文. 广义制度关联性视角下的转轨路径研究 ［D］. 天津: 南开大学, 2010.

［121］曹勇, 黄颖. 基于博弈模型的企业专利诉讼战略研究 ［J］. 情报杂志, 2011, 30 (9): 1-19.

［122］曹勇, 黄颖. 专利钓饵的诉讼战略及其新发展 ［J］. 情报杂志, 2012, 31 (1): 25-30.

［123］陈希. 中美专利制度比较 ［J］. 科技投资, 2008, 2: 77-79.

[124] 陈小莉. 工业机器人产业专利竞争态势 [J]. 科学观察, 2016, 11 (2): 12-23.

[125] 程永顺. 案说专利权 [M]. 北京: 知识产权出版社, 2008.

[126] 崔进文. 知识产权损害赔偿制度研究 [D]. 苏州: 苏州大学, 2004.

[127] 董正英. 技术交易、中介与中国技术市场发展 [D]. 上海: 复旦大学, 2003.

[128] 法大知识产权研究中心. 2009 年中国法院知识产权司法保护 10 大案件简介 [EB/OL]. [2011-9-3]. http://www.newiplaw.com//html/2010-04/2908.htm.

[129] 凡勃伦. 有闲阶级论 [M]. 蔡受百, 译. 北京: 商务印书馆, 1964: 139-140.

[130] 方曙, 张勐, 高利丹. 我国省 (市、自治区) 专利产出与其 GDP 之间关系的实证研究 [J]. 科研管理, 2006, 27 (3): 40-45.

[131] 方晓霞. 论停止侵权责任在过专利领域的适用及限制 [J]. 知识产权, 2011, 2: 17-22.

[132] 冯晓青. 知识产权法的价值构造: 知识产权法利益平衡机制研究 [J]. 中国法学, 2007, 1: 67-77.

[133] 高丽娜, 卫平. 科技中介机构的异质性对区域创新能力的影响 [J]. 中国科技论坛, 2011, 5: 86-90.

[134] 耿文龙, 叶春明, 陆静. 基于主成分分析的我国区域专利保护水平评价研究 [J]. 科技进步与对策, 2011, 28 (11): 120-122.

[135] 管育鹰. 专利侵权损害赔偿额判定中专利贡献度问题探讨 [J]. 人民司法, 2010, 23: 83-88.

［136］国家知识产权局. 审查指南 ［M］. 北京：知识产权出版社，2006.

［137］韩玉雄，李怀祖. 关于中国知识产权保护水平的定量分析 ［J］. 科学学研究，2005，23（3）：377-381.

［138］和育东. 专利法上停止侵权救济探析 ［J］. 知识产权，2008，18（6）：72-77.

［139］和育东. 专利侵权损害赔偿计算制度：变迁、比较与借鉴 ［J］. 知识产权，2009，19（113）：7-18.

［140］贺宁馨，李黎明. 我国专利侵权损害赔偿额的影响因素及预测研究 ［J］. 科研管理，2016，37（10）：137-145.

［141］贺宁馨，袁晓东. 我国专利侵权赔偿制度有效性的实证研究 ［J］. 科研管理，2012，33（4）：124-130.

［142］胡海容，雷云. 知识产权侵权适用惩罚性赔偿的是与非：从法经济学角度解读 ［J］. 知识产权，2011，2：70-74.

［143］黄琴文. 从诉讼看专利布局：中国大陆下一个主战场 ［N/OL］. 北美智权报，2011，44. ［2011-6-23］. http://tw. naipo. com/portals/1/web_tw/enewsletter/enewsletter-44/naipo_ip_news. htm.

［144］加里·贝里尔. 人类行为的经济学分析 ［M］. 王业宇，陈琪，译. 上海：上海三联书店，1993：7.

［145］江旭，高山行，周为. 最优专利长度与宽度设计研究 ［J］. 科学学研究，2003，21（2）：191-194.

［146］姜南，单晓光，漆苏. 知识产权密集型产业对中国经济的贡献研究 ［J］. 科学学研究，2014，32（8）：1158-1165.

［147］金珅亦. 美国专利侵权损害赔偿额的确定以及对我国的借鉴 ［D］. 上海：华东政法大学，2014.

［148］寇宗来，张剑，周敏. 专利保护宽度、非侵权模仿和垄断竞争

［J］. 世界经济, 2007, 1: 61-68.

［149］寇宗来. 专利知识的低效使用和最优专利设计［J］. 世界经济文汇, 2004 (4): 51-59.

［150］寇宗来. 专利制度的功能和绩效［M］. 上海: 上海人民出版社, 2005.

［151］李红娟.《专利法》第四次修改 (征求意见稿) 的理论分析: 以加强侵权保护为视角［J］. 中国政法大学学报, 2013, 6: 100-108.

［152］李黎明, 刘海波. 专利饱和与产业政策杠杆［J］. 科学学与科学技术管理, 2015, 36 (1): 115-127.

［153］李黎明. 专利司法保护与产业经济发展的倒 U 形关系: 测度与事实［J］. 科学学研究, 2016, 6 (34): 841-849.

［154］李明德, 杜颖. 知识产权法［M］. 北京: 法律出版社, 2007: 177.

［155］李明德. 美国知识产权法［M］. 北京: 法律出版社, 2003: 60.

［156］李伟, 余翔. 中国知识产权保护强度及其评价: 以加入 TRIPS 协议为中心［J］. 科研管理, 2014, 35 (7): 138.

［157］李文博. 我国科技中介服务体系与发达国家的差距与对策［J］. 中国科技论坛, 2011, 7: 153-160.

［158］李秀娟. 专利价值评估中的风险因素分析［J］. 电子知识产权, 2009 (12): 70-73.

［159］刘小鲁. 序贯创新、创新阻塞与最优专利宽度［J］. 科学学研究, 2011, 29 (4): 619-626.

［160］刘永沛. 专利侵权判定元对比理论［J］. 北大法律评论, 2011, 12 (2): 15.

［161］鲁灿, 詹锐. 从 eBay 案看美国专利保护趋势: 兼论我国专利"停

止侵权"责任方式 [J]. 电子知识产权, 2009 (6): 48-52.

[162] 陆飞. 优化管理模式　强化保护力度　简化审理程序: 我国专利法的第二次修改及意义 [J]. 研究与发展管理, 2001, 13 (1): 45-56.

[163] 马宁. 从《专利法》三次修改谈中国专利立法价值趋向的变化 [J]. 知识产权, 2009, 19 (113): 69-74.

[164] 诺恒经济咨询. 知识产权诉讼及管理中经济分析的运用 [M]. 北京: 法律出版社, 2010.

[165] 欧琳. 美国专利法最新修改动向 [EB/OL]. [2010-9-2]. http://www.npc.gov.cn/npc/xinwen/rdlt/fzjs/2008-01/30/content_1391688.htm.

[166] 潘蓉. 中日专利侵权法律制度比较研究 [D]. 济南: 山东大学, 2012.

[167] 漆苏. 企业国际化经营专利风险识别: 基于企业行为的实证研究 [J]. 科学学研究, 2013, 31 (8): 1191-1197.

[168] 乔永忠. 不同类型创新主体发明专利维持信息实证研究 [J]. 科学学研究, 2011, 29 (3): 442-447.

[169] 青木昌彦. 比较制度分析 [M]. 上海: 上海远东出版社, 2001.

[170] 司尚奇. 我国技术专利合作网络治理研究 [D]. 合肥: 中国科技大学, 2010.

[171] 唐春. 基于区分国内外创新的专利制度设计研究 [J]. 科研管理, 2012, 2 (3): 70-78.

[172] 唐恒, 张垒, 李军. 基于面板数据的专利与科技进步关联性研究 [J]. 科研管理, 2011, 32 (1): 147-152.

[173] 田豆豆. 中国创造, 遭遇维权尴尬 [N/OL]. 人民网, 2010 [2011-9-3]. http://society.people.com.cn/GB/12847865.html.

[174] 万小丽. 专利质量指标研究 [D]. 武汉：华中科技大学，2009.

[175] 王春扬，张超. 我国城市专利产出的空间俱乐部收敛性特征研究 [J]. 科研管理，2014，35（11）：1-7.

[176] 王风. 我国专利侵权损害赔偿相关问题研究 [D]. 兰州：兰州大学，2008.

[177] 王鹏. 中国专利侵权法律制度的经济学分析 [D]. 沈阳：辽宁大学，2008.

[178] 王鹏. 专利权二次界定的经济学分析 [J]. 安徽大学学报（哲学社会科学版），2010，3：122-127.

[179] 王玉娟. 基于专利技术宽度测度的外资在华合作专利价值研究：以生物技术领域为例 [J]. 科技和产业，2011，11（6）：86-89.

[180] 魏雪君. 区域专利保护评价指标体系构建研究 [J]. 科技管理研究，2008，8：252.

[181] 吴汉东. 知识产权本质的多维度解读 [J]. 中国法学，2006，5：97-106.

[182] 吴明隆. 问卷统计分析实务：SPSS 操作与应用 [M]. 重庆：重庆大学出版社，2010.

[183] 吴欣望. 专利行为的经济学分析与制度创新 [J]. 经济评论，2003，4：22-42.

[184] 吴志鹏，方伟珠，包海波. 专利制度对技术创新激励机制微观安排的三个维度 [J]. 科学学与科学技术管理，2003，1：52-56.

[185] 肖丽，王向红. 浅析谷歌如何以专利运营应对诉讼风险 [J]. 中国发明与专利，2017，14（8）：32-35.

[186] 许春明，陈敏. 中国知识产权保护强度的测定及验证 [J]. 知

识产权，2008，18（103）：27-36.

[187] 许珂，陈向东. 基于专利技术宽度测度的专利价值研究［J］. 科学学研究，2010，28（2）：202-209.

[188] 薛明皋，王璞珏. 专利侵权对经济增长影响的实证研究［J］. 科研管理，2009，30（ZK）：190-197.

[189] 亚当·杰夫，乔西·勒纳. 创新及其不满：专利体系对创新与进步的危害及对策［M］. 罗建平，等译. 北京：中国人民大学出版社，2007：20.

[190] 杨云霞. TRIZ 理论应用中的专利侵权风险分析［J］. 情报杂志，2009，28（8）：30-44.

[191] 袁晓东，孟奇勋. 专利集中战略：一种新的战略类型［J］. 中国科技论坛，2011，3：88-94.

[192] 岳哲平，张晓东. 高智发明公司启动诉讼的影响分析［J］. 电子知识产权，2011，6：26-30.

[193] 詹映，张弘. 我国知识产权侵权司法判例实证研究：以维权成本和侵权代价为中心［J］. 科研管理，2015，36（7）：145-153.

[194] 詹映. 中国《专利法》第四次修改的焦点及其争议［J］. 中国科技论坛，2015，11：125-130.

[195] 张继红，吴玉鸣，何建坤. 专利创新与区域经济增长关联机制的空间计量经济分析［J］. 科学学与科学技术管理，2007，28（1）：83-89.

[196] 张杰，栾博杨，翟东升，等. 高诉讼风险专利识别及应用［J］. 情报杂志，2015，34（8）：37-42.

[197] 张澜. 专利侵权诉讼中的永久禁令：以新的视野审视"停止侵权"的民事责任［J］. 2008，7：46-52.

[198] 张玲. 论专利侵权诉讼中的停止侵权民事责任及其完善［J］.

法学家，2011，4：109.

[199] 张玲. 我国专利间接侵权的困境及立法建议 ［J］. 政法论丛，2009，2：41-45.

[200] 张晓都. 专利侵权诉讼中的停止侵权与禁止双重赔偿原则 ［J］. 知识产权，2008，18（6）：78-82.

[201] 张旭昆. 制度系统的关联性特征 ［J］. 浙江社会科学，2004（3）：79-84.

[202] 张友连. 论最高人民法院公共政策创制的形式及选择 ［J］. 法律科学（西北政法大学学报），2010，28（1）：40-53.

[203] 张玉敏，杨晓玲. 美国专利侵权诉讼中损害赔偿金计算及对我国的借鉴意义 ［J］. 法律适用，2014，8：114-120.

[204] 张玉蓉. 金融商业方法策略研究 ［D］. 武汉：华中科技大学，2008.

[205] 章帆，王雪娇. 基于专利的无人驾驶汽车技术景观分析 ［J］. 科技管理研究，2017，5：34-37.

[206] 赵海涛，阎亚男. 专利侵权损害赔偿原则问题的思考 ［J］. 政法论丛，2003，5：73-74.

[207] 赵联宁，陈广华. 专利权保护的博弈分析 ［J］. 电子知识产权，2007，6：28-31.

[208] 中华人民共和国国家知识产权局. 2010 年中国有效专利年度报告 ［EB/OL］. ［2011-8-2］. http://www.sipo.gov.cn/mtjj/2011/201104/t20110421_599867.html.

[209] 周林. 知识产权研究（第18卷） ［M］. 北京：知识产权出版社，2007：75.

[210] 朱启莉. 我国知识产权法定赔偿制度研究 ［D］. 长春：吉林大学，2010.